KB054762

인간관계 성공의 법칙

HUMAN RELATIONS
SUCCESS KNOWHOW

★지은이 퀸튼 신들러★ 옮긴이 권오현★

〈지은이소개〉

퀸튼 신들러 Quinton schindler
독일계 부모 밑에서 태어나 뉴욕 주립대에서 사회학을
전공하여 박사학위를 받았다.
뉴욕 스토니 행동심리학 수석연구원이기도 한
그는 라디오, 텔레비전 출연과 기업의 워크숍 초청연사로
활동하며 뛰어난 실력을 인정받았다.
저서로는 〈성공한 사람들의 시간관리 컨설팅〉,
〈성공한 사람들의 시간관리습관〉 등이 있다.

〈역자소개〉

역자 권오현
소설가
현대건축회사(현 현대건설) 인사담당이사 역임
인간계몽연구소 운영위원
역저: 〈디스레일리 전기〉 외 다수

인간관계 성공의 법칙

Human Relations Success Know how

1판1쇄 인쇄 2018년 4월 20일
1판1쇄 발행 2018년 4월 25일

발행처 도서출판 문장
발행인 이은숙

등록번호 제2015-000023호
등록일 1977년 10월 24일

서울시 강북구 덕릉로 14(수유동)
전화 02-929-9495
팩스 02-929-9496

인간관계
성공의 법칙

머리말

사랑하는 독자 여러분.

세상에는 매우 행복해 보이며 어떤 일이라도 쉽게 척척 해치우는 사람이 있습니다. 어떻게 그들은 그렇게도 행복해 보이는 것일까요.

그러한 사람들은 다른 사람들과 잘 사귈 수 있는 사람입니다. 그렇다면, 그들에게는 사람들과 잘 사귈 수 있는 어떤 비결이라도 있는 것일까요. 그리고 그러한 비결은 누구라도 익힐 수 있고, 또 사용할 수 있는 것일까요.

도대체 사람이란 어떤 존재며, 무엇을 생각하고 어떠한 행동을 취하는 존재일까요. 이런 매우 흥미로우면서도 중요한 일을 여기서 독자 여러분과 함께 생각해 보기로 하렵니다.

여기서는 여러분과 똑같은 생활을 하고 있는 사람들의 실제의 생활 기록–성공과 실패 혹은 기쁨과 슬픔의 기록–이 많이 실려 있습니다. 당신의 생활도 이 가운데 어쩌면 있을지도 모릅니다. 이와 같이 실제로 있었던 이야기 가운데에서, '어째서 사람이 이렇게 행동하는 것인가?' 하는 실마리가 잡힐지도 모르겠습니다. 이렇게 해서 잡힌 실마리를 심리학자나 철학자의 의견과 그리고 많은 사람들의 실제 경험과 비교해 보겠습니다.

거기서부터 인간 행동에 관한 간단한 철학이 꾸며질 것입니다. 여기서 꾸며진 인간 행동에 관한 간단한 철학이란 다름 아니라 매일의 일상생활에서 다른 사람과 원만하게 잘 사귀어 가는 방법들입니다.

그러니까 이 책에 나온 실제의 생활 기록을 읽으면서 여러분의 매일의 생활에서 다른 사람과 원만하게 잘 사귀어 가는 데 도움이 되는가 어떠한가를 생각해 주십시오. 만약 도움이 될 것 같으면, 집이나 사무실이나 거래처에서 사람들을 사귀는 데 실제로 사용해 보십시오. 틀림없이 마술과도 같은 힘을 발휘할 것입니다.

행복이라는 것은 쉽게 말하면 가정이나 사회에서 만족하며 생활하는 일이라고 생각합니다. 또한 우리가 살고 있는 세상에서 사람들과 잘 어울리고 인생을 마음 편한 즐거운 것으로 느끼는 일이라고 생각합니다.

또한 성공이란-독자 여러분은 어떻게 생각하는지 모르지만-출세와 건강, 그리고 무엇보다도 중요한 것은 다른 사람의 사랑과 존경과 선의를 얻는 일이라고 생각합니다.

이 책은 여러분도 잘 아시겠지만, 다른 사람과 자신의 행복과 성공에 관한 책입니다.

당신이 사귀기 어려운 사람 때문에 애를 태우고 곤란해하고 있다면 이 책은 매우 필요합니다. 또 이와 반대로 다른 사람이 당신에게 호의를 갖고 언제나 도움의 손길을 내밀어 준다면, 이 책은 당신에게 굳은 확신을 주며 다른 사람들과 사귀는 방법에 대한 자연스러우면서도 재치 있는 능력을 당신에게 더욱 늘게 해 주리라고 생각합니다.

퀸튼 신들러

목차

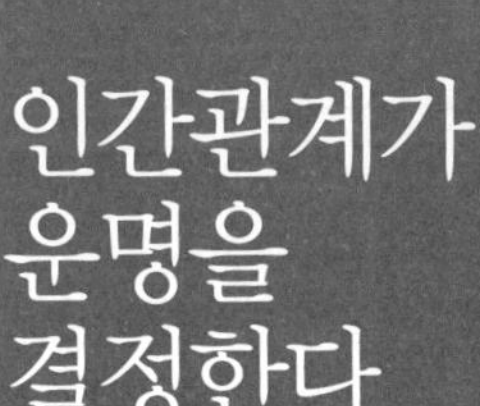

인간관계가 운명을 결정한다

1. 성공과 실패도 인간관계에서 좌우된다
2. 어울리지 않으면 살아남을 수 없다
3. 인간관계의 지름길, 상대를 인정하라
4. 싫은 사람과 어울려 일하는 방법
5. 대인관계에서 일방적인 것은 없다

1

1. 성공과 실패도 인간관계에서 좌우된다

어느 부랑자(浮浪者)의 죽음

나의 대학 시절 친구인 조지 피스를 몇 년 만에 다시 만난 것은 1947년도로 그는 나에게 이런 이야기를 해 주었다. 같은 기숙사에서 지냈던 벤트 헤이워드란 자의 이야기다.

이 이야기는 이 책 전체를 꿰뚫는 핵심 주제를 매우 극적(劇的)으로 설명하고 있으므로 맨 처음 장에 소개하는 것이다.

피스는 벤트에 관한 지난 일들을 생각해 내면서 이야기하기 시작했다.

그 녀석은 적극적이어서, 누구나 다 처음에는 그를 좋아했지. 아무런 나쁜 버릇도 없는 것처럼 보였어. 그렇지만 조금 지나자 사람들과 대립이 여기저기서 나타나는 거야. 대단치도 않은 일로 이쪽에 있는 친구와는 말다툼을 하고, 저쪽에 있는 친구에 대해서는 오해를 하는 식으로 말이야. 오래지 않아 기숙사의 누구나가 벤트에게서 멀어져 가게 되었지. 자네였다면 그런 그를 두고 "자신의 둘레에 벽을 쌓아 버렸다"라고 말하겠지. 그런 뒤로 잠잠해지는 것 같았어. 그리고 내가 졸업하고 그곳을 나올 때에는, 벤트는 왠지 모르게 다른 친구들이 싫어하는 것 같은 그런 상태가 되었다네.

아마 그로부터 20년 이상이나 벤트와는 만나지 못했을 거야. 그런데 어느 날 오후, 벤트가 내 사무실에 들렀더란 말이야. 그는 왠지 모르게 초라해 보였어. 양복은 퍽 낡아 있었고, 태도도 어쩐지 대범하지 못했어.

5시가 지날 무렵까지 이야기를 했는데, 이제는 집으로 돌아가야 할 시간이라고 그에게 말했지. 그랬더니 그는 나에게 이런 부탁을 하는 게 아닌가.

"자네 집에서 저녁을 좀 먹게 해 주지 않으려나?"

속으로 나는 '묘한 녀석이구나' 하고 생각했지만 이렇게 대답했지.

"아 좋고말고. 가세."

그는 우리 집에 오는데, 꽤나 큼직한 꾸러미를 안고 왔어.

그날 밤, 저녁식사가 끝난 뒤에 나는 잠시 자리를 비웠었어. 벤트는 내 아내와 앉아서 이야기를 하고 있더군. 잠시 후 다시 돌아와 보니, 놀랍게도 우리 집 사람과 무언가 옥신각신하고 있는 게 아닌가. 알아본즉, 그는 싸구려 담요를 부득부득 내 아내에게 강매하려 하고, 내 아내는 거절하느라 실랑이를 벌이는 거였지.

벤트는 그동안 여러 가지 직업을 전전해 왔더군. 1930년 대공황(大恐慌) 때에 일자리를 잃은 뒤로 불행하게도 다른 일자리를 얻을 수 없게 되어, 마침내 엉터리 담요를 한 집 한 집 찾아다니며 팔고 다니는 행상인이 되어 버렸다는 거야. 그것이 1935년의 일인 거지.

그런데 오늘, 빌 윌슨과 이야기를 하다가 벤트의 이름이 화제에 올랐어. 그러자 빌이 벤트에 관해 나와 헤어진 이후의 일을 들려주는 거야.

"2년 전, 애리조나의 철도 선로 위에서 한 부랑자(浮浪者)가 죽어 있는 것이 발견되었는데, 그는 기차에 치여서 죽었던 거야. 그 죽은 부랑자가 벤트 헤이워드였어. 윗저고리 포켓에서 나온 명찰로 그라는 것을 알았던 거야. 명찰의 이름은 그가 아니었지만, 그 입고 있던 윗저고리라는 것이 몇 달인가 전에 어렸을 적의 친구에게서 얻어 입은 윗저고리였다네."

벤트 헤이워드의 비극적인 최후의 이면에는 무엇이 있을 것인가.

다른 사람을 신나게 하거나 안타깝게 만드는 그의 버릇이 그렇게 된 원인인 것일까. 아니면 친구를 모조리 잃고, 다른 사람과의 교제관계도 모두 소원해져 버린 것이 희망 없는 부랑자가 된 원인일까.

이것은 이름이나 장소가 바꾸어져 있을 뿐, 정말로 있었던 이야기인 것이다. 이 책에 나오는 다른 이야기도 그렇다. 많은 이야기를 남긴 업적이 마침내 자랑스러움과 함께 모래더미 속에 묻히게 되는 최후까지 사막을 터벅터벅 걸어가야만 했던, 옛날에는 자존심이 강했던 이 젊은이와 같은 사람들의 일을 진지하게 우리 한번 생각하기로 하자.

성공도 실패도 인간관계에서 좌우된다

제2차 세계대전이 일어나기 조금 전, 미국의 어떤 큰 회사 사장이 죽었다. 그래서 중역들 중에서 후계자를 지명하는 문제가 생겼다. 그들은 연 매출 5억 달러가량을 올리는 회사의 운영을 지도해 갈 사람을 찾아내야만 했던 것이다.

처음에는 지도자를 회사 밖에서 찾으려고 했다. 알맞은 사람이 회사 안에서 없을 때에는 그런 방법도 필요한 것이다. 그러나 이 회사에는 마침 아주 적역(適役)인 사람이 내부에 있었다. 그 사람의 동료들, 종업원들, 회사의 고객들도 모두 그가 사장이 되는 데 찬성했다. 그래서 그는 사장에 임명되었는데, 그의 활약 덕분에 회사의 경제 위기도 보기 좋게 돌파하여, 그 자리에는 정말로 그가 적임자라는 것이 증명된 것이다.

모든 사람들이 다 같이 그가 새 사장에 적임자라는 데에 의견이 일치되었던 것은 어째서였을까. 그 가장 큰 이유는, 다른 사람과의 교제가 오랫동안에 걸쳐 매우 원만하게 잘되어 있었기 때문이다. 확실히 그는 능력도 있었고, 끈기도 있었고, 집념도 갖고 있었으며, 또 가장 낮은 지위에서부터 올라갔으므로 기초가 단단했다. 그러나 그의 무엇보다도 큰 힘은, 그가 사람 관리 업무에 뛰어난 수완을 지니고 있다는 것이다.

그는 일을 하는 데 있어, 자기를 위해 다른 사람의 도움을 얻는 방법을 알고 있었다. 그의 동료는 이렇게 말하고 있었다.

"그는 누구보다도 함께 일하기 가장 쉬운 사람입니다. 그는 절대로 명령하지 않습니다. 넌지시 암시를 하든가 자연스러운 협조를 구하든가 할 뿐입니다."

또 종업원 중의 한 사람인 버크 조지는 이렇게 말하고 있었다.

"우리는 그분이 필요합니다. 어째서 그런가 하면, 그분은 사람을 다루는 데 언제나 공평하고 친절합니다. 길에서 만나도 꼭 한마디쯤 말을 걸어 주고, 사무실이나 현장에 올 때에는 우리 어린 사람들에게도 일일이 들러 우리의 애로 사항을 들어줍니다. 또한 그분은 우리의 사적인 일에도 관심을 갖고 있는 것처럼 보인답니다."

그가 가장 잘하는 말은, "나는 사람을 좋아해요"라는 말인데, 이것은 매우 의미 깊은 일이다.

이 중역의 성공한 이야기는 심리학자인 알프레드 아들러 박사가, "우리의 생활에 있어 결국 인간관계 문제를 빼놓고는 아무런 문제도 없는 것 같다. 그리고 그 문제는 우리가 다른 사람에게 흥미를 갖는 것만으로도 해결할 수 있는 것이다" 하는 원리를 설명하고 있는 것으로 생각된다. 좀 더 단적으로 말하면 그 이야기는, "사람은 당신을 성공하게도 하고, 실패하게도 하는 것이다"라고 하는 극히 실체적인 사실을 설명하고 있는 것이다.

1946년 4월 8일, 샌프란시스코의 높은 빌딩 꼭대기에서 몸을 던진 여성이 있었다.

"내게는 정다운 친구가 없다. 인생은 살아갈 가치가 없다."

그녀는 동료들에게 이렇게 말하고 있었다. 그녀는 젊었다. 그래서 그녀의 앞에 있는 인생은, 행복과 성공으로 가득 찬 것이었다. 그런데도 그녀는 어째서 자신의 삶을 끝내고 말았을까?

그녀는 자신이 열악한 환경과 쪼들리는 살림의 희생이 되고 있다고 생각했으며, 결국 그녀는 의지할 만한 친구가 한 명도 없이 혼자 외로이 생활하고 있었다. 그녀는 술에게로 달아났고, 그리고 마지막에는 자살의 길로 영원히 달아났던 것이다.

당신들은 아마도 불행한 사람이 무언가 위기에 처했을 때, 방향을 바꾸지 못하고 자살한다는 말을 들은 일이 있을 것이다. 사실 몸이 병약한 경우 외에는, 자살은 인간관계에 실패한 결과인 것이다. 인간끼리의 관계라는 것은, 현실에 있어서 사느냐 죽느냐 하는 문제가 아니겠는가?

인간관계가 인생을 좌우한다

캘리포니아 대학의 공학부 학과장인 M. 오브라이언 교수는 다음과 같이 말하고 있다.

"나에게 있는 기록으로는 기술적인 실력이 없어서 실패한 졸업생은 거의 없다. 기술 성적은 선두를 달렸지만 실패한 졸업생들은 다른 사람과 어떻게 일을 잘해 나가는가를 몰라서 실패했던 것이다. 물론 공업 방면에서는 기술적인 수법을 알고 있어야만 한다. 그러나 무엇보다도 신뢰받을 만한 사람이어야 하고, 사귐성 있는 교제 수단, 이런 것이 진정한 성공을 얻는 데 필요한 요소였다."

엔지니어의 세계에서도 인간관계가 필요한 것이니, 판매라든가 가정생활 또한 사회생활에서도 얼마나 더 좋은 인간관계를 만드는 재능이 중요한 것인가를 생각해 보라.

"기술적인 재능만으로는 성공하는 데 충분하지 않다. 산업의 지도자들은 기술적으로 뛰어나게 훌륭한 재능을 지닌 사람을 구하기는 비교적 간단하다. 그러나 최고 경영자가 가장 필요로 하는 사람은, 다른 사람의 일을 조직하고, 지도하며, 격려하고, 조화시킬 수 있는 관리자인 것이다. 판매나 서비스의 일에서는 '예의'와 '다른 사람에 대한 배려'가 성공을 위해 우선 요구되는 것이다." 남부 태평양 철도의 A.T. 마르세르 사장의 말이다.

당신들 자신의 경험으로 미루어 보아 잘 생각해 봐라. 당신네들의 성공, 사업상에서나 사회생활상에서의 성공은 누군가가 당신들의 일에 영향을 미쳤던 덕분이 아닐까. 물론 당신들이 유능하고 실력이 없어서는 안 되는 것이지만, 그 이상으로 사람들의 좋은 의견이 행동에 옮겨져서 당신에게 성공을 가져다준 것이다.

실패도 성공의 경우와 같은 것이다. 다른 사람의 가치 없는 시시한 의견이 일자리를 잃게 할 수도 있고, 실패하게 할 수도 있다. 그래서 이런 말이 나오는 것이다.

"매우 많은 사람이, 지식이나 재능이 없기 때문보다도 타인의 사적인 편견과 야비한 성질로 일자리를 잃게 되는 법이다."

우리를 행복하게 하기도 하고, 슬프게도 하는 것은 무엇일까. 다른 사람의 의견이다. 자기 혼자의 힘으로 어떤 성과를 올렸을 때에 행복하다고 생각할지도 모른다. 그러나 정말로 우리를 행복하게 하는 것은 다른 사람의 칭찬이며, 다른 사람의 인정을 받는 일인 것이다. 이것은 사업상의 현실일 뿐만 아니라 사회생활에 있어서도 진실인 것이다.

그러면 여기서 이제까지 말해 온 것을 요약해 보자.

(1) 우리의 성공이나 행복은 나에 대한 다른 사람의 태도나 행위로 결정된다.
(2) 이 태도라는 것은 다른 사람에 대한 우리 자신의 태도로 결정된다.
(3) 우리에 대한 다른 사람의 태도는 우리가 다른 사람이 원하는 일을 해 주면 좋아지는 것이다.

누구나 나이에 관계없이 사람을 다루는 습관을 바꾸거나 고칠 수 있다. 이것을 바꾸는 데에는 사려와 인내가 계속 필요하다. 그러나 한번 옛날의 습관을 없애 버리면, 그 다음은 수월하다. 즐겁기도 하다. 그리고 진행되는 동안에 점점 더 쉬워진다. 그와 동시에 산 아래로 굴러 내려가는 눈사람처럼 좋은 일이 자꾸만 쌓여 가게 마련이다.

맨 끝으로 다른 사람과 좋은 관계를 만들 수 있는가 어떤가는 전적으로 우리 자신의 책임이다. 변명을 하거나 책임을 회피하거나 다른 사람을 비난하는 일이 있어서는 안 된다. 그것보다는 적극적으로 나서서 다른 사람이나, 그들의 이해(利害)와 자신의 이해를 일치시켜야 한다.

제1장 요약

성공과 실패도 인간관계에서 좌우된다

(1) 우리는 다른 사람이 해 주기 전에 먼저 다른 사람에게 친절한 말이나 행위로 대하면, 우리의 의도대로 사람을 다룰 수 있다.

(2) 작은 문제라도 다른 사람과 논쟁을 하는 버릇은 친구를 잃는 원인이 된다.

(3) 인간관계는 사느냐 죽느냐 하는 문제를 결정할 수도 있다.

(4) 다른 사람들이 나를 좋아하게 만드는 일은 좋은 인간관계를 만드는 데 있어 가장 중요한 일이다.

(5) 직업을 잃게 되는 주된 원인은, 능력이 없어서가 아니라 우리에 대한 다른 사람의 평가나 행위 때문이다.

(6) 우리의 성공이나 행복은, 우리에 대한 다른 사람의 태도나 행위에 의해 결정되는 것이다.

(7) 다른 사람이 우리를 바라보는 태도는, 우리가 다른 사람을 바라보는 태도에 의해 결정된다.

(8) 우리는 다른 사람에게 바라고 싶은 일이 있다면, 다른 사람이 우리에게 원하는 일을 먼저 해 주어야 한다.

2. 어울리지 않으면 살아남을 수 없다

세계와 고립된 자기만의 세계

어떤 사람이라도 자신이 확실하게 갖고 있는 행동의 방법에 대해 방해하면 성을 내게 마련이다. 자동차 운전수는 다른 자동차가 자기 차를 추월하여 진로를 방해하면 성을 내게 되어 있고, 보도를 걸어가는 사람은 부딪히는 것을 싫어한다. 만약 당신이 진하고 뜨거운 커피를 좋아한다면 엷고 미지근한 커피를 내놓으면 마음이 언짢을 것이다. 누구나 자신의 모습을 바꾸기를 바라지 않는다. '나는 나다!' 라는 것이다.

많은 사람들은 이렇게 말한다. "나는 통신 교육형의 인간이 되고 싶지 않다. 나는 '위조품 같은' 사람도 되고 싶지 않다. 사람들은 나를 '있는 그대로' 의 사람으로 보아 주든가 그렇지 않으면 내버려 두었으면 좋겠다"라고.

이런 태도를 취하는 대부분의 사람은 자신은 '매우 이성적이다' 고 생각하고 있지만 실제로는 반대로 허영심에 지배되어 있는 것은 아닐까. 자동차 조작법과 같은 기술이 필요한 거나 마찬가지로 대인관계를 다루어야 하는 데 세심한 기술이 필요하다는 사실은 아무래도 그들에게는 기분 좋은 일이라고는 할 수 없는 것 같다.

다른 사람과 의기(意氣)가 투합하도록 노력하기를 싫어하는 사람은 모두 인생으로부터 만족을 얻는 데 실패하기 마련이다. 일자리를 잃는 사람도 있을 것이고, 친구나 연인을 잃는 사람도 있을 것이다. 또 어떤 사람은 인생을 견디기 어려운 것으로 만들고 말 것이다.

이 고집스럽고 무의미한 태도는 '지나치게 민감한 자아(自我)를 지키려는 고집 때문이다' 라고 심리학자는 말하고 있다.

어떤 철도 역무원의 이야기를 예로 들어 보겠다.

손님이 가까이 오면 그는 언제나 느릿느릿하게 출찰구 쪽으로 걸어간다. 그리고 천천히 손님을 본다. 그는 좀처럼 인사 같은 것을 하지 않지만, 어쩌다가 하더라도 '아무렇게나 되는 태도' 로 하는 것이었다.

손님이 물으면, "뭡니까?", 이렇게 그는 얼빠진 듯이 도무지 흥미도 없는 것처럼 되물었으며, 얼굴에는 아무런 표정도 없다. 그는 자기 쪽에서 먼저 이야기하는 일은 없었다. 손님을 기다린다는 불쾌한 일거리에서 어떻게든지 빠져나가고 싶다고 원하고 있는 것처럼 보였다.

어느 날 밤, 레스토랑에서 그 역무원과 가족들이 우리의 옆자리에 앉게 되었다. 그는 접시를 보거나 창문으로 밖을 내다보고 있거나 그렇지 않으면 아내나 아이들을 보고 있거나 할 뿐 다른 곳에는 전혀 눈길을 주지 않았다. 그는 누군가 말을 걸어 줄 때까지 아무 말도 하지 않았으며, 또 말을 걸어 주어도 무뚝뚝하게 대답할 뿐이었다. 그의 자녀들은 버릇이 좋지 않았으며, 거칠어서 소동만 일으키고 있었다. 그러자 갑자기 그는 소리를 버럭 지르고 아이들 가운데의 한 아이가 앉아 있는 의자를 꽝 찼다. 그것은 주위 손님들의 주의를 끌기에 충분했다.

그때 나와 함께 식사를 하던 친구에게 물어 보았다,

"자네는 심리학자가 아닌가. 저 남자가 언제나 주변 사람에 대해 무뚝뚝하고 붙임성이 없이 행동하는 것은 어째서인지 알 수 있겠지? 그리고 오늘의 행동은 도대체 무슨 의미인가?"

"그에게는 임피리얼리티 콤플렉스의 징후가 있군."

그는 계속해서 이렇게 나에게 대답해 주었다.

"저 남자는 '다른 사람이 자신을 업신여기거나 얕보지 않을까', 하고 언제나 겁을 먹고 있는 걸세. 다른 사람에게 관심을 갖지 않기로 하고 사람을 가볍게 보려고 하기도 하고, 자신이 훌륭하다고 생각하는 것은 말하자면 그의 방어 수단일세. 하찮은 일을 하는 사람만이 저런 것은 아니지. 자신이 하는 일에 마음을 놓을 수 없는, 자신감 없는 윗자리에 앉은 상사들도 곧잘 이렇게 되는 법이야. 그러한 사람은 비열하면서도 거칠고 공연히 마구 뻐기기도 잘한다네.

저 불쌍한 남자의 진짜 불행은 스스로 자신을 불행하게 만들고 있는 거라네. 그의 저러한 아집은 정말 비극이야. 자기의 고집을 지키려고 하는 태도는 가정생활에까지 연장이 되니까 아내와 아이들도 불쌍한 거지."

그 역무원은 오래지 않아 역에서 사라져 버렸다. 그의 동료들에게 그가 어떻게 되었느냐고 물어 보았더니, 그 중 한 사람이 이렇게 대답했다.

"아! 네, 그 사람 말인가요? 그 사나이는 무언가 성이 나서 홧김에 그만두고 말았습니다. 사무실의 모든 사람이 자신을 적대시(敵對視)한다고 생각한 모양입니다."

이것은 상식이라는 것을 전혀 생각하지 않고, 다만 감정적으로 행동하고 무의미한 자아(自我) 때문에 사회에서 쫓겨난 하나의 예이다. 그는 자기의 이익만을 생각하고 행동하여 실패한 수많은 사람 가운데 하나의 예인 것이다. 그러한 사람은 자기 자신도 불행하고 다른 사람의 불행의 원인이 되기도 한다. 결국 그러한 사람은 일에도 가정생활에서도 사회생활에서도 실패하게 마련이다.

어째서 사람은 이렇게 행동하는 것일까. 다른 사람의 이익이 되도록 행동하는 것은 무언가 나쁜 일이거나 부끄러운 일인 것일까. 다른 사람을 인정하거나 예의바르게 행동하거나 다른 사람을 돕거나 하는 습관은 자신을 하찮은 사람으로 보이게 하는 것일까? 아니면 훌륭한 사람처럼 보이게 하는 것일까?

지금 이야기한 역무원과 같은 사람은 열등감으로 괴로워하고 있는 사람인 것이다. 그는 매우 불행하며 우리는 그러한 사람을 불행하게 생각해야 한다. 그러한 사람과 그들이 하는 식으로 격투를 벌여서는 안 된다. 페르시아의 철학자 사우디는 이렇게 충고하고 있다.

"성질이 비뚤어진 사람에게는 친절한 마음으로 대하라. 무거운 칼로는 부드러운 비단을 자를 수 없다. 상냥한 말과 온화한 태도로 대하면 코끼리도 머리카락 하나로 이끌 수 있는 것이다."

물론 다른 사람과 잘 지내기가 어려운 때도 종종 있는 것은 사실이다. 일반적으로 그 이유는 마찬가지이다.-즉 마음속의 열등감, 또는 자기 자신의 가치가 확실하지 않은 때이다. 그러한 사람은 반드시 큰소리를 친다. 그리고 의식적으로든 무의식적으로든 자신은 중요한 인물이니 뭐니 하고 다른 사람에게 과시하려 주의를 끌려고 한다. 그러나 결국은 언제나 그것에 실패하고 만다. 곁에 있는 사람은 그런 사람을 예의범절이 나쁜 불쌍한 성격을 지닌 사람이라고밖에는 생각하지 않는다.

만일 공중(公衆)에 봉사하는 일에 종사하고 있는 사람이 세일즈맨과 같은 생각을 가졌다면 좀처럼 실패하지 않는다. 영리한 세일즈맨은 아무리 손님이 오만하고 건방지더라도 누구에게나 서비스를 하는 것이다. 그것이 세일즈맨이 할 일이니까.

열등감이 있는 사람들은 가끔 마음과는 다른 형태로 행동한다고 한다. 틀림없이 당신들은 자신을 망치게 하는 생각을 가슴에 품고 있는 사람을 알고 있을 것이다. 자신의 성미가 급하다는 것을 자랑스럽게 생각하는 사람도 있는가 하면, 또 어떤 사람은 세상이 온통 자신에게 반대하고 있으니까 자기는 파멸할 것이라고 생각하며 자신만의 세계에서 위안을 찾는다. 이러한 생각은 모든 다른 사람에게 반항하는 태도로 나타나 결국은 실패하고 만다.

감정으로 인간관계를 엉망으로 만들지 말라

누구나 다 갖는 자연스러운 감정이 있다.

'자신의 이해(利害)에 따라 행동한다' 는 것이다.

그러나 말은 이렇게 하지만, 재미있는 것은 자신에게 가장 이익이 되도록 행동하지 않는 사람도 많은 것이 사실이다. 이 알 수 없는 일의 이유는 대부분의 사람이 대인관계에서 감정적으로, 충동적으로 아무런 합리적인 이유도 없이 행동하기 때문이다.

사람이 감정에 지배된다는 것, 다시 말해서 생각하는 것보다 느끼는 일에 지배되는 성격이라는 것은 옛날부터 인정되어 온 일이다. 우리의 이 불합리한 감정을 누를 수 없는 것이 다른 사람과의 교제를 곤란하게 만드는 것이다. 이것은 내가 잘 아는 변호사로부터 들은 다음의 이야기로 설명할 수 있다.

최근 공공 서비스 계통의 큰 단체에서 자문역을 맡고 있는 변호사에게 그곳 직원이 민원인과 심한 말다툼을 해서 그 민원인이 단체를 고소하겠다고 위협을 했노라면서 의논을 하러 왔다.

이 싸움질에 능하고 기운차게 잘도 떠들어 대는 직원은 자신의 행위를 정당화하려고 숨도 쉬지 않고 지껄여 댔다.

"그 민원인은 많은 사람들 앞에서 저를 모욕했습니다. 저도 어느 정도의 존경을 받고 있는 처지인데, 그대로 그 사나이를 보내 줄 수는 없는 일이 아니겠습니까?"

분개한 듯 콧김도 세게 뿜으며 말했다. 이 말에 변호사가 다음과 같이 대답했다.

"그렇지만 그 민원인도 당신과 똑같이 생각할 것이오. 여기에 당신이 민원인과 주고받은 녹취록이 있어요. 둘 다 아주 비슷하군요. 두 사람 다 욕설을 퍼붓고, 협박을 하고 남들이 보는 자리에서 창피를 주었다고 노발대발한 거요. 아시겠어요? 아마 어떤 사람일지라도 자기 자신을 완전히 객관적으로 볼 수는 없을 거요. 내 경험이 당신에게 해답을 줄지도 모르겠구려.

나는 지금까지 공개 법정에서 검사나 판사나 또 여러 사람들로부터 무척 많은 비난을 받았소. 나도 그것이 기분 좋지 않았지만, 그래도 나는 자신이 바보 취급을 받았다거나 나를 업신여겼다고는 느끼지 않았었소.

나는 나 자신이 훌륭한 변호사이며 또 원만한 성품을 지니고 있다고 자신하고 있소. 다른 사람과의 트러블에 휩쓸려들기에는 내가 너무 현명하다는 게 솔직한 내 생각이오. 만약 상대의 보잘것없는 전술(戰術)로, 나의 개인적 이해(利害)를 공격한다고 해도 나는 그런 것은 무시해 버리고 마오. 내가 나 자신의 격한 감정을 누를 수 있는 이유는, 내가 다른 사람보다 뛰어난 사람이라는 신념을 갖고 있기 때문이오.

당신의 경우는, 당신은 회사의 규칙이나 법률로 볼 때 일단 기술적으로는 옳지만, 민원인 쪽도 관습상 절대로 잘못되어 있지 않소. 도덕적으로는 그가 옳은 거요. 우리는 민원인과 법정에 가고 싶지 않소. 어째서 그런가 하면, 결국 민원인이나 우리나 무언가를 잃기 때문이지요. 민원인은 정신적인 고통을 받게 될 것이고, 그리고 당신과의 다툼을 해결하지 않으면, 그는 더욱더 괴로워하겠지요.

그리고 당신은 어떻소? 윗사람이나 우리와 불쾌한 시간을 보내야만 할 것이고, 얼른 이 사태를 해결하지 않으면 당신은 사람을 다루는 데 방해만 되는 인물이라는 인상을 주게 되고 말 거요. 솔직히 말해서, 당신은 나쁜 평판에서 헤어 나올 수 없게 되는 거요.

이런 말다툼이나 싸움은, 처음에 누군가가 소리를 높여 거칠게 이야기했던가, 아니면 "당신 따위가 뭘 할 수 있겠어"라는 식의 노골적으로 독단적인 말투로 말했던가, 그런 것으로 시작되었겠지요.

그런데, 거칠게 말을 하거나 독단적인 말투로 말하는 사람은 대개 나쁜 뜻을 갖고 그러는 것이 아니라, 버릇이오. 그러나 듣는 사람은 그것을 알지 못하오. 그래서 명령조라느니, 오만하다고 생각하고, 자기도 모르게 후끈 달아 버리는 거요. 그래서 두 사람은 결국 정도가 지나치는 말다툼을 하게 되는 것이오. 어느 쪽이든 한 사람이 자신을 조금만 누를 수 있고, 사태를 잘 다스릴 수 있으면, 자신도 살 수 있고 상대방도 살 수 있을 텐데 말이오."

결국 이 사건은 원만하게 수습이 되어, 좋은 관계가 이루어졌다고 한다. 그러나 그것은 이 이야기의 중요한 일이 아니다. 중요한 것은 이러한 감정적인 말다툼을 피하기 위해 그 원인이 무엇인가 하는 것을 이해해야 한다는 점이다. 우리가 사물을 있는 그대로 올바르게 보면, 우리 마음도 평상심을 유지할 수 있는 것이다.

독불장군은 언제나 패하고 만다

우리가 사물을 보는 방법을 그릇되게 만들고, 사람을 무턱대고 무시하고 마는 감정적인 생각을 과감히 버려야 한다. 그러면서도 자기 자신이 지닌 가치에 자신감을 갖도록 해야 한다. 그렇게 하면 다른 사람과의 좋은 관계가 틀림없이 생길 것이다. 행복해 보이려는 태도는, 행복 자체를 부른다. 마치 성공할 것 같다는 확신이 성공을 불러오는 것처럼.

당신들은 이렇게 말할지도 모른다.

"좋습니다. 그것은 좋지만, 그렇다면 직위가 높은 사람 가운데 기본적인 분별력이 없이 행동하는 사람은 왜 그렇습니까?"

잘못된 인상과 의혹에서 그들에게는 별로 맞지 않은 나쁜 평판이 나오고 마는 것이다. '잔인한 사나이', '탐욕스러운 사나이'는 결국 자신의 친구들에 대한 자기 자신의 철학 때문에 패하고 만다. 그러한 사람은 스스로 자신에게 작용하는 강한 영향에 의해 퇴보되는 것이다.

'친구란 단순한 이름에 지나지 않는다.', '나는 아무도 사랑하지 않는다.' 권력의 사도(使徒) 나폴레옹은 이렇게 말했다. 그러나 그 평범하지 않는 이상적(異常的) 재능, 통찰력, 거대한 정력이 있었음에도, 그는 쓸쓸히 유형지에서 생애를 마감했다. '검(劍)으로 살고, 검으로 죽는다' 처럼 된 것이다.

히틀러는 인간의 존엄성에 대해 모욕을 주어 온 세계의 눈길을 자신에게 돌리게 했지만 그 최후는 비참했다. 그가 패배한 것은, 이미 그의 〈나의 투쟁〉 속에 뿌려져 있었다.

이와 마찬가지로, 히틀러와 같은 사람들이 얻는 어떠한 성공도, 결국은 한줌의 재로 돌아가게 마련이며, 괴로움의 씨앗이 되어 버린다.

"좋아요. 그런 보잘것없는, 그리고 분별없는 행위가 결국은 자신을 못 쓰게 만드는 것이라는 점은 인정하겠어요. 그러나 이유도 없이 다른 사람에게 호감을 갖게 하려고 노력하는 것은, 꽤나 자연스럽지 못한 일인 것처럼 생각되는데요. 나는 자주성 없이 남의 의견만 좇는 '예스맨' 이나, 점잖은 체하는 사람, 겉모습만을 꾸미는 사람, 그런 사람은 되기 싫습니다."

위와 같이 말하는 사람도 있을 것이다. 누구나 그런 남의 비위를 맞추려고 듣기 좋은 말만 하는 사람이나, 자기 맘대로인 사람과 사귀기를 싫어하는 것은 당연하다. 그러나 다른 사람과 잘 어울려 일해 나가려는 정직한 노력은, 인생에 성공하는 비결인 것이다.

위대한 과학자, 역사가, 철학자가 지구상에서 벌어지는 일은 하나의 연속적인, 결코 쉼 없는 재적응의 과정이라는 것을 인정하고 있다. 발전하는 긴 과정에서는, 변화하는 환경에 적응할 수 없거나 또는 적응하지 않는 생활의 형태는 무정하게 자연에 의해 베어져 지구에서 사라지는 것이다. 인간 생활에 있어서는, 이 연속의 재적응은 다른 사람에 대한 태도를 말하는 것이다. 이것은 생존을 위해 절대로 필요하다.

그러므로 생존을 바라는 인간은 재적응을 잘하는 사람이라고 할 수 있다. 인생이라는 흐름 속에서 적응하기 위해선 유연해져야 한다. 자신의 목적이나 이해를 다른 사람의 생각이나 욕망이나 행위와 잘 들어맞게 하기 위해, 다른 사람과 적응하는 일에 유능해져야 한다.

인간관계를 개선하려고 의식적으로 노력하는 것을 떳떳하지 못하다고 느낄 필요는 결코 없다. 반대로 만약 그렇게 하지 않는다면, 그것을 부끄러워해야 할 일이다. 자기를 훈련하는 것은 문명인의 특히 눈에 띄는 자랑스러운 특성이다.

자신을 개선해 가려고 노력하면, 나이와 신분 따위는 불문하고 인간관계를 개선할 수 있다. 제2차 세계대전 중 집단작업 공장에서 겪은 경험으로, 중년인 사람들뿐만 아니라 나이 많은 사람도 새로운 기술을 간단하게 익힐 수 있으며, 어떤 면에서는 젊은 사람보다도 오히려 쉽게 습득한다는 것을 알 수 있었다. 심리학자는, 지능은 25세에서 30세까지에 정점(頂點)에 이르지만, 그로부터 나이가 들어도 지력(知力)은 떨어지지 않는다고 말한다.

인간관계의 새로운 재능을 만들려고 할 때에는, 나이가 많은 사람은 우선 지금까지 오랫동안 길러져 온 습관을 제거해야만 한다. 인간관계를 맺는 결과로 얻어지는 이익을 생각해 본다면 주저할 일도 못된다. 오히려 어떤 의미로는, 나이가 많은 사람이 젊은 사람보다 유리하다고 할 수 있다. 왜냐하면 일반적으로 다른 사람과 좋은 관계를 만들려면 상당한 인간적인 경험을 거쳐야 하는 시간이 필요하기 때문이다.

다른 사람에게 자신을 적응시킬 수 있게 하면, 나이든 사람은 정신적으로는 젊음과 유연성을 오래 유지하게 된다. 그리고 긴장을 줄이고, 편안함과 행복함을 느끼게 될 것이다. 변화는 우리를 젊게 만들고, 변화를 싫어하는 것은 노쇠(老衰)를 의미한다.

제2장 요약

어울리지 않으면 살아남을 수 없다

(1) 허영심은 다른 사람에게 적응하는 일에 방해가 되는 것이다.

(2) 다른 사람을 경멸하고 자신을 훌륭하게 보이려고 노력하면 인간관계에 반드시 실패한다.

(3) 인간이 반드시 자신에게 이익이 되도록 행동하지 않는다는 것은 비극이다.

(4) 필요 없는 하찮은 말다툼은 처음에 별다른 뜻도 없이 거칠거나 명령투로 말하는 일에서 시작되는 수가 있다.

(5) 자기 자신의 가치에 자신감을 갖고 있는 사람은, 절대로 모욕받지 않고 모욕감을 느끼지도 않는다.

(6) 히틀러처럼, 사람을 강제로 억누르려는 신념을 갖고 있는 독불장군은 자신의 철학으로 자멸(自滅)하고 만다.

(7) 환경에 적응하려고 하지 않는 사람을 자연은 도태시킨다. 살아남기 위해서는 언제나 자신을 환경에 적응시켜야만 한다. 대인관계에서도 마찬가지이다.

(8) 늙은 사람이라도 사람을 다루는 방법을 개선할 수 있다. 그렇게 하면, 젊음을 오래 유지하는 것을 돕는다.

(9) 인간관계에 있어서 용서하기 어려운 것은, 개선하려고 노력하지 않는 일이다.

3. 인간관계의 지름길, 상대를 인정하라

행복한 부부의 파국(破局)

제2차 세계대전이 일어나기 6년쯤 전, 동부의 어떤 도시에서 매우 우수하고 인기 있는 대학의 운동선수가 아름답고 유능한 간호사와 결혼했다. 이 도시에서 눈에 띄게 두드러졌던 두 사람이 결혼한 것은 굉장한 평판을 불러일으켰다.

몇 해가 지나, 남편의 부동산 사업이 번창하여 그 방면의 지도자로서 인정받게 되었다. 그는 아내에게 어떠한 사치의 호강을 아낌없이 누리게 해 주었다. 그렇다고 해서, 그 대신 아내에게 무엇을 요구하는 것도 아니었고, 어떤 일이건 별로 충고나 도움도 원하지 않았다. 그는 기운차고 자신만만한 전형적(典型的)인 중역이었다고 할 수 있었다.

어느 날 밤, 그가 모임에 참석했다가 끝나고 집으로 돌아와 보니 아내의 모습이 보이지 않았다. 대신 아내가 적어 놓고 간 편지가 눈에 띄었는데, 거기에는 옛날의 친구에게로 간다는 내용과 이혼해 주기 바란다는 말이 씌어 있었다.

그 뒤, 그녀는 남편과 이혼을 하고 옛날의 친구와 결혼했다. 그 남자는 환자였다.

이 여자의 인생은 간호사로서 환자를 돕도록 되어 있었던 것이다. 그녀는 자기에게 기대하는 남편이 필요했던 것이다. 그러나 그녀의 전남편은 반대로 아내를 자기에게 기대게끔 하는 위치에 놓고 있었다. 그녀는 자신의 개인적인 가치가 인정되지 않는 그러한 생활이 견디기 어려웠던 것이다. 그녀는 자신을 필요로 하는 환자와 결혼함으로써 겨우 만족할 수 있었던 것이다.

누구건 간에 자신을 중요한 사람이라고 생각해 주고, 필요하게 여겨 주기를 바라는 소망을 만족하게 해 주면 매우 고맙게 생각한다는 것은 극히 단순한 사실이다.

좀 더 근본적인 것을 말하기로 하겠다. 아무튼 사람이란 대체 어떤 존재일까? 가장 기본적인 사실은, '모든 사람은 자신을 세계의 중심에 놓고 있다' 고 하는 일이다. 이것은 우리가 아는 사람의 어느 누구에 대해서도 진실이다.

물론 우리는 너그러운 사람이나 자기 희생적인 사람을 알고 있다. 그러한 사람은 다른 사람-자신의 자녀들, 혹은 남의 집 자녀들, 환자, 구제해 줄 상대가 없는 사람, 가난한 사람-을 위해 살고 있다. 그러한 사람은 자신의 사치를 희생할 뿐만 아니라 극히 흔한 즐거움까지도 다른 사람을 위해 희생하고 마는 것이다.

우리가 존경하고 칭찬하는 이러한 놀라운 사람들은 보통 의미에 있어서의 자기 중심적인 존재는 아닐지도 모른다. 그러나 그들이 남을 위해 일하는 이유는 자신을 위해 무언가를 하는 것보다, 남에게 일하는 편이 큰 행복을 얻을 수 있기 때문이다. 그들은 이러한 것을 별로 의식하고 하는 것이 아니라, 다만 그렇게 하여 만족을 얻을 수 있기 때문에 할 뿐이다.

그러나 역시 사람은 근본적으로 자기 중심적이라고 할 수 있을 것이다. 그리고 이것은 아무도 어찌할 수가 없는 것이다. 사람이란 자기가 관계하는 사람에 한해서만 흥미를 갖는다는 것은 이해하고 받아들여야만 하는 사실이다.

누구나 다 인정받고 싶어 한다

사람들은 인정받고 싶어 한다. 당신이 사랑하는 어머니도, 헌신적인 아내도, 당신의 가장 너그러운 친구도, 물론 다른 사람에게 인정받고 싶어 하는 것이다. 당신 자신을 생각해 보라. 그렇게 하면, 그것이 정말로 옳은 일이라는 것을 알 수 있게 된다.

심리학자인 윌리엄 제임스는 이렇게 말하고 있다. “인간성의 가장 깊은 원칙은 칭찬받고 싶어 하는 욕망이다.” 실제로 이 말은 정말 감정적인 것이다. 이 감정적인 게 사실이라는 문제가 또 얼마나 미묘한 일인가. 이 일을 설명하는 데 이런 이야기를 채택해 보자. 그것은 어느 도시 야구팀의 후원회 회원 한 사람이 들려준 이야기이다.

몇 해인가 전에, 이 팀은 2위 팀을 17게임 차로 벌려 놓고 리그의 수위(首位)에 서 있었다. 그 팀에서는 일찍이 월드 시리즈의 영웅적인 주인공으로서 유명했던 선수가 한층 더 두드러지게 눈에 띄어 있었다. 지금 그의 이름을 임시로 지미 존스라고 해 두자. 이미 시즌도 절반 이상이나 끝나 있었기 때문에 팀의 우승은 절대로 확실한 것으로 누구나 생각하고 있었다. 이 별로 크지 않은 도시의 주민들은 말할 수 없을 만큼 기뻐하여 아마도 야구에 이토록 크게 열광한 적은 이제까지 없었다고 생각될 정도였다.

그래서 시민들은 이런 명예를 가져오게 해 준 존스에게 경의를 표하여 '지미 존스의 밤'을 열어 주었다. 선량한 시민들은 그날 밤, 존스에게 줄 선물을 들고 야구장에 모였다. 그 선물 가운데는 자동차며 골프 용품이며 낚싯대며 애완견까지 있었다.

그런데 시민들은, 팀이 승리하도록 이바지한 다른 선수들에 대해서는 전혀 잊어버리고 있었다. 그들은 선수들이 한 사람 한 사람 모두 개인으로서 칭찬받고 싶은 욕망을 갖고 있다는 사실을 전혀 깨닫지 못했던 것이다.

그날 저녁에 야간 시합이 시작되었다. 그런데 선수들은 여느 때처럼 환호하는 관중에도 아무런 반응이 없었으며, 다른 때의 패기나 승부욕 따위도 전혀 없었다. 팀은 그날의 게임에 형편없이 패했을 뿐만 아니라, 계속 여러 주일 동안 지기만 하여 결국 그 팀은 3위에까지 떨어져 버렸다.

사람을 칭찬하는 것은 하는 측에서는 대수롭게 생각하지 않을지 모르지만, 받는 축으로서는 크나큰 의미가 있다. 그런데 때로 우리는 칭찬하거나 인정하기에 인색할 때가 있다.

미국의 몇몇 신문에도 났었고, 그리고 해외 통신으로 전해진 이야기에 이런 것이 있었다. 그것은 타인을 인정하는 마음이 고운 친절한 행위가 어떻게 보답되는가, 이 점을 보여 주는 좋은 예이다.

네덜란드 소녀의 4만 달러짜리 미소
(네덜란드 그로닌겐 4일발 로이터)

3년 전 드렌자 마을에 살았던 어느 농부는 너무 얼굴이 못생겨, 이웃 사람들은 그를 따돌리고 놀려 댔다. 그런데 아무도 그를 상대하려 하지 않았지만 꼭 한 소녀만이 그에게 언제나 정답게 웃어 주곤 했다. 그런데 그가 죽게 되자 그 마음씨 고운 소녀 앞에 4만 달러가 놓이게 됐다. 그녀의 미소에 항상 감격해 마지않던 그가 그 소녀에게 4만 달러의 유산을 남겨 두고 갔던 것이다.

사람은 태어나면서부터 다른 사람에게 인정받기를 바란다. 그래서 갓난아기는 울음을 터뜨리는 것이다. 이 소망은 인간의 한평생 내내 계속되며, 더욱이 매우 강하기 때문에 종종 상식이나 올바른 판단을 잃으면서까지 주의를 끌려고 하는 것이다. 비근한 예를 하나 들어 보면, 듣는 사람이 무던히 참고 있거나 또는 듣기 싫다는 것을 분명하게 나타내 보여도 여전히 자신의 행위를 크든 작든 하나도 남김없이 모조리 이야기하는 사람이 적지 않다.

다른 사람에게 인정받고 싶다는 욕망은 노골적으로 나타나지 않게 마련이다. 이것은 매우 중요한 일이다. 사람은 그 때문에 질투도 하고, 사람을 죽이기까지 하는 수가 많다. 그래서 여자는 그 때문에 남편을 버리기도 하고 신경장애를 일으키거나 앓게 되는 수도 있는 것이다.

정신과 의사의 임상경험에는 그런 경우가 많이 발견된다. 그것이 중풍의 원인이 되고 나아가서는 전쟁의 원인이 되는 수도 있고, 아니면 진보의 원인도 되며 사람이 남보다 앞서 성공하는 원인이 되기도 한다. 크게 보면 문명이나 경제적 발전도 이룩했다고 할 수 있을지도 모른다. 그것은 우리 자신에게도, 또한 우리가 함께 일해야 하며 조화해 가야만 할, 지금 바로 앞의 사람에게도 있는 욕망인 것이다.

혼자 있고 싶지 않기 때문에 어울리는 것이다

사람은 동아리의 일원이 되고 싶어 한다. 즉 동료를 갖고 싶어 한다. 친구와 함께 있기를 바라고 '무엇인가에 속해 있는 사람'으로 인정받고, 무리에 들어가 있다는 것을 느끼고 싶어 한다. 이것은 하버드 대학 앤튼 메이다 교수의 연구에 의해서도 증명되고 있다.

"동료의 호감을 사고 싶다는 욕망, 교제 본능이라고도 할 수 있는 것, 이것은 개인의 이해(利害)나 이성의 논리보다도 중요하다."

친목 단체에 이름을 올리거나 사교계와 교회에 발을 들여놓게 하는 것도 '무엇에든 속하고 싶다', '사람들과 함께 있고 싶다'고 하는 강한 충동 때문이다. 이것이 인간이 그들과의 동일화(同一化)를 통해서 인간으로서의 인식을 얻는 방법인 것이다.

또 그 이면에는 안전을 바라는 욕구가 있다.

다른 사람과 함께 있고 싶다는 본능은, 원시시대에 어느 일족(一族)에 속해 있으면, 전쟁이나 적이나 맹수 따위로부터 자신을 지킬 수 있다는 데에서부터 비롯되고 있다. 그리고 문명의 발전은 '다른 사람에게 인정받고 싶다'는 욕망과 '공동체에 속하고 싶다'고 하는 욕망을 줄이기는커녕 오히려 더 크게 해 왔던 것이다.

좋은 인간관계를 만드는 첫걸음은, 인간의 '다른 사람에게 인정받고 싶다', '다른 사람들과 함께 있고 싶다'고 하는 욕구는 뿌리 깊은 것이며 또 기본적인 욕구라는 것을 똑똑히 인식하는 일이다. 이것을 인식해야만 다음의 중요한 단계인, 대인관계를 한층 더 발전시킬 수가 있는 것이다.

자신의 중요성을 다른 사람에게 인정하게 하는 것보다 다른 사람의 중요성을 인정해 주는 데에는 어느 정도의 자제심이 필요하다. 그렇게 하는 것은 인간적 성숙을 가져다주기도 한다. 또한 상대방은 그렇게 해서 자신의 중요성을 인정받게 되면 기뻐하고 우리의 의견에 귀를 기울여 줄 것이며, 나아가서는 우리에게 협력도 해 주게 된다-즉, 좋은 인간관계가 만들어지는 것이다.

"그러나 필요도 없는 사람인데도 그의 중요성을 억지로 생각하려고 노력하는 것은 분명히 지기 비하가 아닐까요?"

당신은 이렇게 반문할지도 모른다. 그러나 그렇지 않다. 어떤 사람에게나 어딘가 좋은 성질은 있는 법이니까 당신은 그것을 찾아내어 칭찬해 줘라. 웬들 하이트는 〈생활의 심리학〉 가운데에서, 그러한 노력은 결코 잘못된 것이 아니라고 다음과 같이 말하고 있다.

"우리가 무언가 또는 어떤 일에 두드러지게 훌륭한 사람, 특히 우리가 언제나 사귀고 있는 사람과 일해 나가려고 하면 그 사람이 다른 보통 일에도 뛰어나 있다는 것을 인정해야만 한다. 우리는 '나는 무언가 어떤 일로 나보다 못한 사람은 만난 일이 없다' 고 하는 태도로 생활해야만 한다."

이 원칙이 반대가 된 경우, 다시 말해서 '당신이 다른 사람을 하찮은 녀석' 이라고 생각한다고 상대에게 느끼게 했을 경우 어떤 일이 일어나는가, 하나의 예를 들어 보겠다.

어느 광고회사가 캘리포니아에서 가장 큰 포도주 회사에 창고를 빌리러 갔다. 그것은 광고의 효과를 좌우하는 상당한 가치의 것이어서 광고회사로서는 무슨 일이 있더라도 꼭 빌리고 싶은 것이었다. 그래서 광고회사에서는 광고 시안을 들고 중역이 직접 나섰다.

그가 열심히 시안을 설명하고 있는데, 회의실 뒤쪽에 있던 작업복을 입은 남자가 여러 가지 질문을 했다. 그러나 광고회사의 중역은 그 남자에게 차디찬 눈길을 한 번 흘끗 주었을 뿐, 그의 질문을 무시해 버렸다. 작업복의 사나이는 별로 아무 말도 하지 않았다.

그런데 조금 뒤 작업복의 사나이가 이것저것 지시하는 모습이 중역의 눈에 띄었다. 자신이 우습게 보았던 그 사나이가 거기서 가장 윗자리의 사람이라는 것을 알 수 있었다. 그 사나이는 자기가 그다지 중요하지 않는 사람인 체하고 있었던 것이다. 광고회사가 계약을 하지 못한 것은 말할 나위도 없었다.

상대의 욕망 속에서 자신의 이익을 취하라

상대방이 우리가 바라는 대로 대답해 주게끔 하려면 어떻게 다루면 좋을까, 생각을 해 보자. 그것은 이런 것이다.

'다른 사람의 입장에서 생각하고, 행동하고, 이야기하라.'

이 방법으로 행동하였다고 하여 자기 자신의 이익을 단념한 것이 되지는 않는다. 이를테면 일류 세일즈맨은 의식적으로든지 무의식적으로든지 언제나 상대방의 이익을 생각하고 행동하여 이야기하고 있는 것이다. 언제나 자신이 파는 제품이 손님을 위해 도움이 된다고 생각하고 팔고 있는 것이다.

여기서 두 가지의 정반대되는 속성이 동시에 나타난다고 할 수 있다. 즉 하나는 상대방에게 마음을 쓰고 동정심이 있는 것처럼 행동하는 것과, 또 하나는 자신의 이익을 추구한다는 것이다.

얼른 보기에 모순되는 것처럼 보일지도 모른다. 그리고 나를 신나게 하는 '이기주의적인 철학' 뿐만 아니라 사람을 도움으로써 자기 자신도 도움을 받는다고 하는 '공생적인 철학'에 대해서도 이야기해야만 한다. 이것이 바로 상호이익의 법칙인 것이다.

표현을 바꾸면 이렇게 될 것이다. '다른 사람의 욕망 속에서 자신이 바라는 것을 발견하라', 이 철학은 이를테면 사는 사람과 팔 사람, 고용하는 사람과 고용되는 사람, 또는 남성과 여성 사이에서도 조화될 수 없는 이해의 다툼 따위는 있을 수 없다는 것을 의미하고 있다. 다른 사람에게서 빼앗아 와야만, 자신의 것이 된다는 생각은 버려야 한다는 것이다.

PR 상담역인 E.L. 바네이는 이렇게 말했다. "공중의 이익과 자신의 개인적인 이익과 일치되는 것을 발견하라." 이렇게 비즈니스맨들에게 충고하고 있는 의미는 팀워크의 정신이며, 협력의 정신이며, 다른 사람과 공통된 이익을 찾아내어 가는 정신인 것이다. 좀 더 분명히 말한다면, 당신이 준 것은 다시 되돌아온다는 원칙이다. 사랑을 주었을 때도 마찬가지이다. 주면 줄수록 자기도 또한 가질 수 있는 것이다. 정신적으로나 물질적으로나, 받는 것보다 주는 편이 훨씬 즐거운 것이다.

사회적으로 성공한 이는, 언제나 다른 사람의 입장에서 사물을 생각하고, 이야기하고, 행동하는 법이다. 당신이 알고 있는 사람 가운데에서 가장 자신의 이야기를 이해할 수 있고, 유쾌해 보이는 사람에 대해 생각해 보라. 어째서 그의 이야기가 통하는 것일까? 그것은 그가 당신이나 당신의 가족, 취미, 하고 있는 사업 따위에 관심을 갖고 있기 때문이라는 걸 확실하게 알 수 있을 것이다.

그런데 중요한 것은, 모두 저마다 다르다는 것이다. 당신과 관계하고 있는 상대방은 누구나가 아니라 개성적인 존재로서 한 사람이기 때문에, 그 사람만의 특징과 사물을 보는 방법을 알아야 하고, 개인으로서 다룰 필요가 있다는 말이다.

당신들은 상대방을 제각기 개성적인 존재로 관심을 가지면 상대로부터 인정을 받을 수가 있다. 지위가 높은 사람이나 낮은 사람이나 개인적으로 인정받으면 그것이 어떻게 반응되어 나타나는가 하는 것은, 다음의 일로도 설명이 될 것이다.

여러 해 전, 유명한 자동차 회사의 중역인 비숍 씨가 동부철도의 열차 식당차에 앉아 있었다. 그는 4년 만에 서부 해안지방을 여행하고, 마침 디트로이트로 돌아오는 길이었다.

그의 식사 당번인 종업원은 그를 흘끔 보자 곧 조리장(調理場)으로 들어가더니, 몇 분도 되기 전에 다시 나타나 벙글벙글 웃으면서 이렇게 말했다.

"비숍 씨, 이렇게 다시 와 주셔서 반갑습니다. 또 살짝 익힌 갈비 스테이크로 하시겠습니까?"

비숍 씨는 얼떨떨한 표정이더니, 얼른 일어나 종업원의 손을 잡으며 용케도 자기의 이름과 즐겨 먹는 음식까지 기억해 주었다고 고마워했다. 식사가 끝나자 그는 종업원에게 팁을 10달러나 주고 갔다.

그 종업원은 조 세르단이라는 이름이었는데, 그는 마술사도 아니거니와 특히 기억력이 좋은 남자도 아니었다. 다만 그는 다른 사람의 이름을 기억해 두는 편이 좋을 거라고 생각했기 때문에 한 가지씩 방법을 채택해 보았다. 조리장 옆에 있는 그는 조그마한 카드 상자를 만들어 놓고, 거기에 그가 시중들었던 손님 가운데에서 눈에 띄는 사람의 이름, 얼굴의 특징, 그리고 즐겨 먹는 요리명을 써 두었던 것이다.

여기서 다시 한 번 중요한 일을 되풀이해 두기로 하자. 다른 사람의 입장에서 생각하고, 이야기하고, 행동하는 습관을 붙이는 것은 결코 자신의 인격을 버리거나, 자신의 성장을 뒤떨어지게 하는 것은 아니라는 사실이다. 오히려 이런 습관을 통해 우리는 자신의 인간적인 성숙함을 만들어 낼 수 있고, 다른 사람의 존경도 얻을 수 있는 것이다.

벤저민 프랭클린은 이런 말을 하고 있다.

"내가 자신만을 위해 일하고 있을 때에는, 일하고 있는 사람은 나 혼자였으며 도와주는 사람은 없었다. 그러나 내가 다른 사람을 위해 일하게 된 뒤로는 다른 사람도 나를 위해 일해 주었던 것이다."

현대의 협동적인 문명에서는 사람들이 함께 일해야만 한다는 것은 너무나도 분명한 일이다. 사람들은 다른 사람의 욕망, 권리, 필요 따위를 당연히 고려해야만 하는 것이다.

그러나 이 협동의 정신은 우선 개인을 대상으로 시작되어야만 한다. 그러한 고려가 있어야 비로소 사회적 진보가 있는 것이다. 그것은 사람들의 매일의 인간 접촉에 영향을 주는 개인적이고 실제적인 지침(指針)이 되어야만 하며, 다른 사람과 사이좋게 일해 나가는 것을 돕는 습관을 붙이기 위한 지침이 되어야만 하는 것이다.

다른 사람의 입장이 되어 생각하고, 이야기하고, 행동한다는 습관을 붙이는 것은 그다지 어려운 일은 아니다. 날마다 되풀이하고 또 하면 습관이 되는 것이다. 언제나 다른 사람을 생각하며 행동하라. 그 습관이 붙으면 당신에게 좋은 일이, 행복이 생기게 되는 것이다.

제3장 요약

인간관계의 지름길, 상대를 인정하라

(1) 누구나 세계의 중심은 자신이라고 생각한다.

(2) 인간은 3가지 기본적인 욕구가 있다. 개체를 보존하려는 욕구, 종족을 보존하려는 욕구, 그리고 다른 사람에게 인정받고 싶다는 욕구.

(3) 인간성의 가장 깊은 원리는 칭찬을 듣고 싶다는 욕구이다(윌리엄 제임스).

(4) 인간은 동료와 함께 있고 싶어 한다.

(5) 인간관계의 기본적인 법칙-다른 사람의 입장이 되어 생각하고, 이야기하고, 행동하라.

(6) 살 사람과 팔 사람, 고용하는 사람과 고용되는 사람, 남성과 여성 사이에 조화할 수 없는 다툼이란 없다.

(7) 상대방의 관심사를 인정하고, 상대방의 필요나 욕구 가운데에서 자신의 성장을 발견해 나갈 것.

(8) 내가 나 자신만을 위해 일했을 때에는 나를 위해 일해 주는 사람은 내 자신밖에 없었다. 그러나 내가 다른 사람을 위해 일하게 된 뒤로는 다른 사람도 나를 위해 일해 주었던 것이다(벤저민 프랭클린).

4. 싫은 사람과 어울려 일하는 방법

단점보다 장점을 먼저 발견하라

친구가 나에게 어떤 노인에 대해 이런 이야기를 해 주었다. 그 노인이란 샌프란시스코 교외에서 주유소를 경영하는 사나이로 완고하고 엄격한 표정이었지만, 사람에 대한 이해심은 깊었다.

어느 날 아침, 그 노인의 주유소에 차를 세운 사나이가 레드우드의 요양지(療養地)는 형편이 어떠냐고 물으면서 이렇게 말했다.

"여기 오기 전에는 2주일 동안 산타크루즈에 있었는데요, 아주 즐거웠어요. 경치뿐만 아니라 인심도 좋아 어딜 가나 편하게 지낼 수 있었습니다."

주유소 노인은 그 남자에게, 틀림없이 레드우드 요양지도 마음에 들 거라고 대답해 주었다.

그리고 한 시간가량 지나 또 한 사람, 레드우드의 요양지를 물어 본 남자가 있었다. 그런데 그 사나이는 이렇게 투덜댔다.

"2주일 동안 아주 혼났어요. 산타크루즈에서는 사람들이 죄다 무뚝뚝하기만 한 데다가 즐길 만한 곳도 제대로 없었어요."

그러자 노인은 두 번째 사나이에게 이렇게 대답했다.

"레드우드 역시 당신 마음에 들지 않을 겁니다."

그 사나이가 가 버리자 내 친구가 똑같은 레드우드 요양지에 대해 물은 두 사나이에게 어째서 전혀 다른 대답을 했는지, 노인에게 그 까닭을 물었다. 그러자 노인은 이렇게 답했다.

"아니, 나는 다른 대답을 한 것이 아니오. 처음 사람은 전에 갔던 장소에 대해서나 사람에 대해서 아주 좋게 말하지 않던가요? 그러니까 그 사람은 어디에 가거나 그곳이 마음에 들 것이 틀림없습니다. 그런데 뒤의 사람은 불만투성이더군요. 저런 사람은 어떤 곳에 가더라도 재미가 없을 게 뻔해요. 사람들과 즐거운 시간을 보낼 수 있는 것-이것은 습관이에요. 안 그렇습니까?"

다른 사람과 원만하게 일해 나가기 위한 첫걸음은 다른 사람의 좋은 점을 찾아내는 습관을 만드는 일이다. 그렇게 생각하고 사람들을 살펴보라. 그러면 반드시 좋은 점이 발견되는 법이다.

그러나 이와 반대로 인간의 하찮은 인색한 점만을 발견하거나, 욕심 많고 짐승 같은 놈이고 사기꾼이고 거짓말쟁이이며 아첨만 잘한다는 따위로 사람을 생각하는, 비극적이라고도 할 만한 태도는 실로 간단하게 자기도 모르는 사이에 습관으로 붙어 버리게 된다.

너그러운 눈으로 사람을 바라보라

대단히 불쾌한 사람이라도, '어린 시절에 다른 사람들로부터 싸늘하게 다루어졌기 때문에 성격이 일그러져 버린 불행한 사람이다' 라는 점을 깨달으면 우리는 상당히 너그러운 눈으로 그런 사람을 볼 수 있게 된다.

매우 엄한 부모 또는 어린아이들을 완전히 방임(放任)하는 부모 밑에서 자랐거나, 가족에게 명예롭지 못한 일이 있었거나, 잔소리를 심하게 한다거나 또는 응석을 받아 주어 버릇없게 자랐거나 하면, 그것은 다른 사람에게 매우 강하게 영향을 주어 사람을 오만하게 만들기도 하고, 열등감을 갖기도 하고, 거짓말을 잘하게 만들기도 하고, 허영심이 강한 사람을 만들기도 하고, 남의 험담만 하는 쓸모없는 사람으로 만들기도 한다.

우리는 이러한 사람들을 적어도 이해만은 하도록 노력해야 한다. 그들을 벌하려고 해도 아무 소용이 없다. 왜냐하면 그러한 사람은 자신이 무엇을 하고 있는지, 어째서 그렇게 하고 있는지를 모르기 때문이다. 우리는 그러한 사람을 구할 수는 없다손 치더라도 적어도 피할 수만은 있을 것이다.

도스토예프스키의 소설 속에서, 어떤 인물이 이렇게 말하고 있다.

"사람들을 사랑하기 위해서는 눈을 감고, 코를 틀어막아야 한다. 그렇게 해서라도 사람들을 사랑해야만 하는 것이다."

사람들은 생활의 습관이나 풍습을 매우 영리하게 발전시켜 왔다. 그것이 인간의 생리적인 기능을 덮어서 가려 버리고, 이상화하며 매력적으로 만드는 것이다.

'먹는다' 는 기능을 생각해 보라. 당연한 일이지만 '먹는다' 는 것은 아름다운 과정은 아니다. 음식을 입에 넣고 씹어 침을 섞고 그리고 삼킨다. 그렇게 몇 세기가 흘러가는 동안에 인간은 점점 문명화되어 예의범절이나 식문화(食文化)라는 것을 만들어 내고, 그리고 그것이 먹는 일을 매우 즐겁게 만든 것이다. 깨끗한 식기, 나이프, 포크, 스푼, 유리그릇, 테이블클로스며 냅킨, 때로는 구석을 밝혀 주는 화병 속의 꽃. 이렇게 '먹는다' 는 것의 일면을 잘 꾸며 다른 지저분한 면을 보지 못하게 하여 식사를 즐거운 일로 만들어 온 것이다.

의사나 간호사는 보통 사람이 싫어할 만한 일을 할 것을 요구받는다. 그러나 자신이 좋은 일을 하고 있다는 자부심에다 언제나 과학적인 태도로 자신의 일에서 깊은 만족을 얻는 것이다.

이와 같이 인간은 어떤 기본적인 인간의 생리적인 기능에 대한 태도를 잘 조정할 만한 능란한 방법을 찾아내어 왔다고 할 수 있을지도 모른다.

어떤 사람이든지 사람을 너그럽게 다루고 사랑하는 습관을 붙일 수 있다. 인간의 본능이 지닌 불쾌한 면을 메우는 방법으로 우리는 충분히 의식적으로 행동할 수 있는 것이다.

어느 큰 회사의 사원이 영전(榮轉) 명령을 받았다. 이런 때에는 분개하거나 마찰이 일어나게 마련이데, 이 사람은 누구와도 잘 지내 왔기에 뒷말이 없었다. 이 사나이는 초등학교 교육조차도 받지 못했다는 핸디캡이 있었음에도 회사 안에서 높은 자리에 앉게 되었던 것이다.

어떻게 그렇게 성공했느냐고 물었더니, 그는 이렇게 대답했다.

"무엇보다도 우선 나는 누구에게나 선의(善意)를 갖고 대하고 있습니다. 나를 싫어하는 사람은 나에 대해 잘 알지 못하거나, 아니면 나의 생각을 이해하지 못했기 때문인 것입니다. 그리고 또 한 가지 누구든 나를 비판했을 때에는 나는 고스란히 받아들여 왔습니다."

재미있는 것은, 친절한 행동을 하는 것은 두 가지 방향에 좋은 결과를 가져오게 한다는 것이다. 친절을 받는 쪽은 물론 친절을 베풀어 준 자에게 호의를 갖지만, 친절한 행위를 하는 자도 자신이 도와준 자에게 호의를 갖게 되는 것이다. 그는 다른 사람에게 선의라는 투자를 했다고 느끼기 때문이다.

우리는 상대방을 이해해야만 한다. 단점이 많은 사람일지라도 장점을 찾아내어 좋아하게 되도록 애쓰면, 우리 자신도 불평을 늘어놓거나 비평하는 버릇이 없어지게 된다. 모든 책임을 상대 탓으로만 돌리는 버릇이 있는 사람은, 어느 누구라도 싫어하게 된다는 사실을 깨달은 일이 있을 것이다. 곧 다른 사람의 비평을 하는 사람은 자기 자신도 비평당하고 만다는 의미이다.

우리는 너그러움을 가져야만 한다. 우정은 너그러움 위에 이루어지는 것이다. 친구란 당신에 대해서 뭐든지 알고 있는 사람이며, 아무튼 당신을 좋아하는 존재다. 결국 당신을 좋아하는 사람이 있다는 것은 굉장히 고맙고 즐거우며 그리고 또 자기 자신을 뒷받침해 주는 것이다.

사람은 누구나 인간적인 약점을 많이 갖고 잘못도 저지른다. 개중에는 하찮은 것도 있고 심각한 문제도 있다. 그렇기 때문에 우리는 자신의 나쁜 점을 못 본 체 눈감아 주고, 좋은 점을 인정해 주는 친구가 필요한 것이다.

너그러움이란 것은, 우리는 다른 사람에게 너무 많은 것을 기대해서는 안 된다는 말이다. 가장 범하기 쉬운 잘못 가운데의 하나는, 다른 사람을 '합리적인 사람일 것' 이라고 생각해 버리는 일이다. 그러나 자신이 생각한 대로, 다른 사람이 이치에 맞게 행동하는 일은 거의 없다고 생각하는 편이 좋다. 바꾸어 말하면, 자신이 가지고 있는 사물을 보는 방법이라는 것은, 다른 사람이 볼 때 반드시 납득이 가는 것은 아니라는 사실이다. 우리는 '다른 사람이 언제나 이치에 맞도록 행동할 것' 이라고 생각하지 않는다면, 많은 실망에서 구출될 것이다.

찾지 않으면 발견되지 않을 것이다

최근 나는 로스앤젤레스에서 샌프란시스코로 가는 열차에서 매우 나이가 많은 노인과 서로 나란히 앉게 되었다. 그 노인의 첫인상은 그다지 좋지 않았으므로, 아마도 불쾌한 일이나 불평을 듣게 될 것이라고 생각하고 있었다. 그런데 반대로 그 노인은 보기 드물게 유머가 있고, 낙천적인 사람이었다. 노인이 나에게 몇 가지 함축성 있는 이야기를 들려줬는데, 그 가운데 인도의 선교사에 대한 이런 이야기가 있었다.

어느 선교사가 정부의 고관(高官)을 만났다. 그 고관은 선교사에게 이제까지 어떤 일을 해 왔느냐고 물었다. 그러자 그 선교사는 서슴지 않고 이렇게 대답했다.

"저는 30년 동안 인도에 살며, 5천 명이나 되는 사람을 그리스도 교도로 만들었습니다."

이 대답에 고관은 이렇게 말했다.

"나도 30년 동안 인도에 있었지만, 한 번도 그리스도 교도를 만나지 못했소."

그러자 선교사는 그 고관에게 이렇게 물었다.

"그럼, 당신은 어떤 일을 해 오셨습니까?"

"나는 황제의 시종(侍從)이었소. 그래서 사냥을 무척 많이 했소. 호랑이를 몇백 마리 정도는 죽였소."

이 대답에 선교사는 이렇게 말했다.

"나도 30년 동안이나 인도에 있었지만, 호랑이를 만난 적은 단 한 번도 없었습니다."

한 남자는 사나운 호랑이를 찾고 있었다. 그리고 그는 그것을 찾아냈다. 또 한 남자는 사람을 구원할 기회를 찾고 있었다. 그리고 그도 그것을 찾아내었다. 그런데 두 사람 다 찾고 있는 대상이 달랐기에 서로 상대가 찾고 있는 것을 보지는 못했다.

인간은 장점과 단점 다 가지고 있지만 단점만 찾으려면 단점만 보이게 마련이니 좋은 점을 찾아내려고 해야 한다. 왜냐하면 우리는 인간세계에 살며, 그리고 그 사람들이 우리를 방해하기도 하고, 도와주기도 하는 것이기 때문이다.

어떤 사람이든지 인간적인 과오(過誤)를 많이 갖고 있게 마련이다. 만약 우리가 상대방의 과실에 너그러우면, 상대방도 우리의 과실을 눈감아 줄 것이다. 또한 상대방도 칭찬할 만한 성질도 많이 지니고 있다. 만약 우리가 상대방의 좋은 점을 찾아내려고 하면, 상대방도 우리의 좋은 점을 찾아 발견해 주는 법이다. 인생을 가치 있게 살려면, 우리는 진지해야만 한다. 다른 사람을 누구든지 좋아하게 되도록 하는 것은 즐거운 습관이 될 것이다.

제4장 요약

싫은 사람과 어울려 일하는 방법

(1) 단점이 많은 상대방일지라도 장점을 찾으려고 하면 반드시 발견되는 법이다.

(2) 문명인은 아름답지 않은 생리적인 기능을 아름답게 보이게 하는 재능을 가지고 있다.

(3) 생리적인 기능을 문화로 발전시켰듯이 인간관계의 정신적, 감정적인 단점을 개선하려는 노력이 필요하다.

(4) 당신이나 당신의 의도를 이해해 주지 않는 사람이라도, 그 사람을 칭찬하면 반드시 당신에게 호의를 갖게 된다.

(5) 만약 우리가 다른 사람을 좋아하게 되지 않으면, 우리의 인생도 좋아지지는 않을 것이다.

5. 대인관계에서 일방적인 것은 없다

배려심은 보답으로 돌아온다

사람은 바른 예의에 대해 돈을 지불하는 법이다. 돈을 지불하지는 않더라도 예의바른 사람에게는 어떠한 방법으로라도 일부러 보답하려고 한다. 반대로 예의가 바르지 못한 사람은 골탕 먹여 주려고 생각한다. 예의바르게 상대해 주거나, 버릇없이 상대해 주거나, 반드시 어떠한 답례는 있게 마련이라는 사실을 유의해 둘 필요가 있다.

어떤 회사에 예의바른 중역이 있었다. 그는 고객에게는 친절하게 대하고 있었고, 직원들에게는 언제나 유쾌하게 말을 걸었다. 그런데 그에게는, 그에게로 의논하러 오는 부하들이 건네어 주는 서류를 다 본 뒤에는, 조금 경멸하는 듯한 표정으로 테이블 너머로 던져 주는 버릇이 있었다. 물론 그에게는 별로 아무런 다른 뜻이 있었던 게 아니었지만, 부하들은 틀림없이 '상사가 우리를 업신여기고 있다' 라고 느껴 버리고 말았다.

얼마 후, 그 중역의 동기들은 더 높은 자리에 오르게 되었지만 그는 승진 발령에 번번이 누락되더니 후보로도 오르지 못하고 말았다. 그 대단치 않은 중역의 버릇이 사원들의 적대심을 낳게 하여, 결국 이 유능한 중역은 그 회사에서 계속 일할 수 없게 되었던 것이다.

우리는 동료들과 잘 어울리는 방법을 배우지 않았기 때문에, 사업에 실패한 매우 유능한 사람을 많이 알고 있다.

위의 이야기는 예의와 결부되어 있기는 하지만, 예의보다는 미묘한 인간의 품성에 관한 것이다. 그것은 '인간적인 촉감', 또는 '빈틈없는 배려심' 이라는 품성이다. 이 '빈틈없는 배려심' 이라는 것은, 상대를 당혹하게 만드는 생각은 조금도 보이지 않는 법이다. 이를테면 공개석상에서 부하가 발음을 잘못하거나 문법을 잘못 알고 틀리더라도, 빈틈없는 배려심이 있는 상사라면 일부러 노골적으로 바른 발음으로 말하거나, 맞는 문법으로 이야기하지는 않을 것이다.

〈리더스 다이제스트〉에 이런 이야기가 실려 있었다. 이 이야기는, 빈틈없는 배려심이란 능란하고 재치 있는 안목(眼目)이라는 것을 설명하고 있는 것이다.

할리우드의 어떤 변호사의 젊은 부인은 영화배우인 잉그리드 버그만과 절친한 친구 사이였다.

버그만이 세금 문제로 곤란을 겪고 있는 것을 안 그 부인은, 버그만을 남편의 변호사 사무실로 데리고 갔다. 그녀들이 돌아간 뒤, 변호사는 비서에게 이렇게 말했다.

"이봐, 지금 우리 집사람이 데리고 온 사람이 누군지 아나?"

"아니오. 모릅니다. 누구입니까?"

"잉그리드 버그만이야."

"그래요? 변호사님, 대체 어떤 분이 버그만이었습니까?"

그러자 변호사는 비서를 유심히 바라보다가, 이렇게 말했다.

"이봐 조지, 자넨 10달러 벌었네. 자, 여기 있어. 당장 필요할 거라고 생각되지는 않지만 말일세. 아무튼 나는 자네가 자기 혼자서도 웬만한 일은 너끈히 처리할 수 있는 재능이 있다는 것을 인정하겠네. 틀림없이 자네는 부자가 되고 유능해질 걸세."

예의바른 행동뿐만 아니라 재치와 결부된 배려심은 별로 이성에 호소할 것이 못 된다. 다만 감정을 움직이는 것이다. 대체로 인간이라는 것은 거의 감정으로 지배되고 있으니까.

감정에 의거한 또 하나의 원칙이 있다. '다른 사람에게 동정적이며 또 다른 사람을 이해하도록 하라' 고 하는 것이다.

다른 사람이 무슨 말을 하려고 하는가를 귀를 기울일 뿐만 아니라, 정성을 다하여 친절한 마음을 보이도록 하라. 그리고 동정하라. 그러나 결코 보답을 바라서는 안 된다.

동정해 주는 사람이란 '봉사의 천사' 처럼 보이게 마련이다. 동정심이 없는 사람에 대해 월터 휘트먼은 무서운 경고를 하고 있다.

"동정심도 없이 걸어가는 사람은, 자신의 수의(壽衣)를 운반하면서 자신의 장례식으로 걸어가는 것이다."

모르는 척하는 것도 배려심이다

우리는 대인관계에 있어서 배려심 있게 교제해야만 한다. 그러나 누구에게나 통용되는 법칙은 없으므로 저마다 갖고 있는 특성에 대해서도 똑똑히 알아야만 한다. 즉 때로는 모르는 척하는 것도 배려심이라는 걸 알아야 한다.

나의 친구 중의 한 명은 무의미한 친절을 보여 실패한 때의 일을 지금도 생각해 내고는 유감스러워하고 있다.

그 친구는 그때 어느 큰 회사에 상품을 판매할 길을 트려고 애쓰고 있었다. 친구가 접촉하고 있는 그 회사의 중역은, 판매 계약이 성공하느냐 않느냐 하는 열쇠를 쥐고 있는 인물이었다. 어느 날 저녁, 친구가 그 회사에 들러 이 중역을 만나 협상을 하고 있을 때까지 모든 일은 참으로 잘 진행되고 있었다.

협상이 끝날 때쯤 친구는 중역에게 상냥하게 이렇게 말했다.

"하루 중에서 저녁때라면 당신의 저항도 조금은 약할 것이라고 생각하고, 이렇게 찾아뵈었던 것입니다."

그런데 그 중역은 중년을 넘어, 어느 쪽인가 하면 몸이 약한 쪽이었다. 친구가 자기 딴에는 요령 있게 하느라고 미리 생각했던 가벼운 이 한마디가, 중역의 아픈 점을 찌른 것이다. 왜냐하면 중역은 언제나 자신의 건강에 고민하고 있었기 때문이었다. 중역은 조금 난처해하더니, 입을 다물어 버리고 말았다.

마침내 친밀한 그들의 사이는 벌어지고, 결국 예의를 차리는 걸로 다 된 줄 알았던 내 친구는 큰 계약을 얻을 기회를 잃고 말았던 것이다.

배려심은 사람을 다루는 능력이다

1946년 10월, 〈포춘〉 잡지의 조사로는, 경영자들은 그들을 성공케 한 개인적 자산(資産)은 '결단력' 이나, '기술적 지식' 이라는 여러 가지 개인적인 자질(資質)보다도, '사람을 다루는 능력' 이 무엇보다도 첫 번째라고 말하고 있다.

즉 록펠러 1세도 일찍이 이렇게 말했다.

"나는 어떤 재능보다도 사람을 다루는 재능에 대하여 가장 많은 재산을 지불한다."

또 헨리 포드도 다음과 같이 말하고 있다.

"성공의 비결이 하나 있다면, 그것은 다른 사람의 사물을 보는 방법을 몸에 익히고, 자신의 입장에서가 아니라 다른 사람의 입장에서도 사물을 볼 수 있는 재능이다."

당신이 윗사람의 주의를 끄는 데 가장 좋은 방법은, 고객에게 당신을 좋아하게 만들고 칭찬하게 하는 것이다.

기업이라는 것은 고객의 만족감을 위해 만들어지는 것이다. 대체적으로 이 만족은 한 사람 한 사람의 고객에 대한 개인적인 서비스로 이루어진다. 하나의 회사가 다른 또 하나의 회사와 거래하는 것이 아니다. 그 거래가 아무리 큰 규모의 것일지라도 한 조직 속의 개인과 다른 한 조직 속의 개인 사이에서 행해지는 것이다. 어떤 판매나 영업이라도 개인과 개인의 인간적인 접촉이라는 관계를 통해서 이루어지는 것이다. 인간이 지니고 있는 온갖 본능, 욕구, 아집, 편견, 이기심 따위가 그 속에 포함되어 있다.

손님을 기쁘게 하는 요령을 습득한 세일즈맨이나 비즈니스맨은 이미 주위로부터 인정받아 승진하는 길을 출발했다고 할 수 있을 것이다. 그렇다면 이것을 어떤 곳에서 시작해야 하는 것일까?

사잔 철도에 있는 어떤 친구는 프랑크 젠킨스가 어떻게 승객으로부터 인정받아 승진가도를 달려왔는지를 자세히 이야기해 주었다. 젠킨스는 자신의 성공은 그가 유달리 정중하게 다루어 준 승객이 우연히도 유명한 은행가였던 J.P. 모건 부인이었다는 데에서 시작되었다고 한다. 그가 상사에게서 받은 격려 편지에도 그 에피소드에 대해 언급되었으며, 그를 고속 승진시켜 지방 승객 관리자로 한다고 씌어 있었다. 이후 그는 승진을 거듭하여 현재는 '철도 승객 총지배인' 이 된 것이다.

빈틈없는 배려심이란 습관은 여러 가지로 자신을 위해 도움이 된다. 특히 가장 좋은 인간관계를 만드는 데 도움이 된다.

특히 타인에 대한 배려심은 사업상의 인간관계보다도 가족 사이의 관계에 더 필요하다.

그녀가 당신의 부인이라는 것은, 그녀에게 이것저것 명령하고 무시하기도 하고 또는 그녀의 의견이 하찮은 것이라고 우습게 보면서 아무렇게나 다루어도 된다는 이유가 아니다. 또한 그가 당신의 남편이라는 것은, 그에게 발끈해서 성을 내거나 집안문제에 참견하는 것을 퇴박하여 멋대로 아무렇게나 다루어도 된다는 이유가 아니다. 또한 그 아이가 당신의 아이라는 것은, 아이에게 무서운 얼굴로 겁을 주거나 멋대로 아무렇게나 다루어도 된다는 이유가 아니다.

역시 가족 사이에도, '다른 사람의 입장에서 생각하고, 이야기하고, 행동하라' 는 원칙을 마음에 담아 두어야 하는 것이다.

반항으로 되돌아오는 행동은 하지 말라

가족들 사이나 서로 잘 아는 사이나 사업상 관계에서나, 어떤 경우라도 상대를 녹아웃시키듯이 깔아뭉개거나 굴복시키려고 해서는 안 된다. 다짜고짜로 다른 사람의 의견을 하찮은 것이라고 단번에 물리치거나 하면 그 사람은 굉장히 화를 낼 것이다. 그러면 그때까지는 아주 작은 문제였던 것도 큰 문제가 되어 버린다. 그 사람의 자존심도 충성심도 모두 없어지고 말 것이다.

어떤 상황이라도 다짜고짜 반대하는 것은 그 사람을 매우 분개하게 만드는 것이다. 이 사실은 점점 뚜렷해지는 법이다. 그러니까 상대와 다른 생각도 있다는 것을 제시하기 전에 사람을 감정적으로 만들어 버려서는 안 된다.

사람의 의견이 변하는 과정이란 아주 서서히 이루어지는 것이다. 그런데 한창 의논하는 도중에 자신이 잘못되어 있었음을 솔직하게 서슴지 않고 인정해 버리면 매우 좋은 일이 생긴다. 다른 사람들은 이 사람은 매우 마음이 넓은 사람이라고 생각하는 것이다. '자신이 잘못되어 있을 때에 솔직하게 자신의 잘못을 인정하다니, 뭔가 자기 자신에 대해 매우 자신감을 갖고 있는 사람이 아닐까' 라느니 또는 '모든 사람의 잘못을 자기가 다 뒤집어쓰다니, 정말 통이 크고 예의 바른 사람이구나. 어쩌면 오히려 내 쪽이 잘못되어 있는지 모르겠다' 라는 식의 생각으로 접근해 올 것이다.

캘리포니아 스탠더드 석유의 피터슨 사장은 이렇게 말하고 있다.

"배려심을 가지고 행동하는 것은 이득이 생길 뿐만 아니라, 마음속의 무엇과도 바꿀 수 없는 만족을 가져다준다. 배려심이란 다른 사람과 잘 어울려 일해 나가게 할 수도 있고, 우리의 생활을 순탄하게 만들기도 한다."

빈틈없는 배려심은 소화를 도와 건강을 위한 치료제도 된다. 그것은 곧잘 신경이나 소화기관을 지치게 하고 때로는 망가뜨려 버리는 일까지도 있는 다른 사람과의 마찰을 없애 주기 때문이다.

'고민은 심한 노동보다도 더 사람을 죽인다.'

이 금언(金言)은 확실히 옳다. 언제나 기분이 좋은 사람은 건강 상태도 좋다. 의사도 좋은 기분은 건강의 바탕이 되며 건강은 좋은 기분의 원인이 된다고 말하고 있다.

좋은 일에 대해서나 나쁜 일에 대해서나 사람은 자기가 한 행동에 대해서 반드시 보답받는 법이라는 것을 잘 기억해 두기 바란다.

제5장 요약

대인관계에서 일방적인 것은 없다

(1) 남을 모욕하는 무례한 행동은, 어떠한 형태로건 되돌아온다.

(2) 동정할 줄 알라. 그러나 보답을 바라서는 안 된다.

(3) 사람은 저마다 다르다. 애칭(愛稱)으로 불러도 그것을 좋아하는 사람과 성내는 사람이 있는 법이다.

(4) 다른 사람을 무시하면 그 사람의 분노를 사게 된다.

(5) 배려심이라는 것은 다른 사람과의 마찰을 없애 주고, 고민을 없애며, 건강하게도 만든다. 또 돈을 버는 일이나 출세하는 데 반드시 보답으로 되돌아온다.

(6) 한마디로 반대하거나 물리치는 것은 아무리 친한 사이라도 상대를 성나게 하는 것이다.

(7) 자신의 잘못을 서슴지 않고 선뜻 인정하면 존경심과 함께 협력까지도 얻을 수 있다.

대인관계의 교제술

1. 설득의 대화술
2. 세일즈맨 판매 성공 법칙
3. 성공과 실패, 동료의 협조에 달려 있다
4. 상사의 신임을 얻는 방법
5. 신참 관리자 실전 테크닉 A-Z

2

1. 설득의 대화술

말하고 싶으면 먼저 들어주어라

두 사람이 일요일 아침, 같은 때 만나서 짧은 인사를 나눈 다음, 한 사람이 이야기하기 시작한다. 무엇을? 99% 무언가 자신에 대한 것-낚시질한 물고기며 전에 본 쇼 이야기, 정원에 심은 나무, 그동안 갔던 여행 이야기, 지금 몰고 있는 자동차, 또는 자식의 일 등 언제나 자신에 관한 일들이다.

그러나 또 한 사람은 절반도 듣고 있지 않다. 다만 이야기를 도중에 끊게 하고, 자기도 조금쯤 이야기하고 싶어서 적당한 구실이나 때를 기다리고 있을 뿐이다.

그러다 그 사람 차례가 와 이야기를 시작하면 대체 무슨 말을 할 것인가? 그도 또 자신의 일밖에는 말하지 않을 것이다. 어디에 갔으며,

무엇을 했고, 여차여차하고, 이러고저러고…….

이것은 모두 인간의 본성이며, 이러한 사람에게 비판적이 될 필요는 없다. 그들은 다만 자연의 충동에 따르고 있을 뿐인 것이다. 저마다 이런 방법 저런 방법으로 자신을 내세우려고 하면서. 그러나 그들은 이런 이야기를 하여 무엇을 얻었겠는가.

'누구나 그러한 노골적인 자기의 일만을 이야기하는 것은 다른 사람에게 존경하는 마음을 불러일으키지 않는다'는 의견에는 찬성일 것이다. 그런 말은 다만 자기 표현의 덧없는 허영을 나타내고 있음에 지나지 않는다. 나의 친구 중의 한 사람이 이렇게 말하고 있었다.

"내가 했던 골프 시합에 대해 길고 긴 이야기를 한 다음, 결국 나 자신 말고는 아무도 내 골프 시합에는 흥미를 갖고 있지 않았다는 것을 깨달았다네."

그래서 대화를 할 때 무엇보다도 조심할 것은, 상대편 입장에 서서 이야기하는 일이다.

그렇다면 생각이 깊은 사람은 대화를 할 때 어떻게 할까? 그는 우선 듣는 사람이 된다. 조금 자제(自制)하며, 먼저 다른 사람의 이야기를 듣는 것이다. 그러니까 그가 무뚝뚝한 사람이라는 것이 아니다. 감화력(感化力)이 있는 사람은 이야기할 무엇인가를 가지고 있다. 그것을 잘 이야기해야만 한다. 누구나 쾌활한 사람, 자신의 껍질을 벗고 동료들과 마음을 터놓고 친해질 수 있는 사람을 좋아한다.

어찌 되었거나 대화에서 가장 저지르기 쉬운 잘못은, 자기 이야기가 너무 길다는 일이다. 쉴 새 없이 지껄여 대는 사람은 정말 넌더리가 나는 법이다.

만약 상대가 협력해 줄 것을 기대하고 싶을 때는, 우선 상대편의 이야기를 잘 들어주는 사람이 되어야 한다. 다른 사람에게 이야기해야 할 중요한 용건이 있을 때에는, 우선 상대에게 모든 이야기를 다 말해 버리게 한 다음, 당신이 해야 할 이야기에 자발적으로 주의를 돌리도록 하는 게 좋을 것이다.

대화는 다른 사람에게 이야기하는 것이 아니라, 다른 사람과 '함께' 이야기하는 의미라는 걸 마음에 두고 있는 사람은 매우 적다. 대화는 '서로 나누는 것' 이다.

길고 길게 계속되는 이야기란 정말 견딜 수 없는 일이다. 이야기를 듣고 있는 사람은 병들어 앓는 동물처럼 아무런 갈등도 없는 눈초리, 마비된 듯한 모습을 하고 있다. 생각 깊은 사람이라면 자주 이야기를 끊고 상대에게 이야기를 하게 하는 법이다.

말과 말 사이를 '그래서, 그리고' 따위로 상대가 말할 수 있는 기회를 차단하면서, 끝도 없이 이야기를 계속 이어 가는 사람만큼 무신경한 사람은 없다. 연설이 아니라면, 상대에게 1분 이상이나 계속 이야기하는 것은 현명하다고 할 수 없다. 그래서 유쾌한 교제를 하기 위한 대화법 체크리스트에 다음과 같은 것을 써 넣어 두자.

'남의 이야기를 잘 들을 줄 아는 사람이 되라. 이따금 침묵을 지키는 능력을 키우고, 절대로 지루하도록 길게 이야기를 끌어가서는 안 된다.'

말에 호소력을 높이는 태도와 동작

개들도 말은 할 수 있다. 꼬리를 흔들면서 당신에게로 나는 듯이 달려왔을 때, 개는 이렇게 말하는 것이다.

"이렇게 만나서 무척 기쁘답니다."

몸 전체를 흔들어 나는 듯이 달려왔을 때는 이렇게 말하는 것이다.

"저는 당신이 참으로 좋답니다!"

그리고 조금이라도 보아 주고, 말이라도 걸어 주며 등이라도 톡톡 쓰다듬어 주기를 기대하고 있는 것이다. 불안한 듯이 날카롭게 짖는 것은 정말로 불안한 때이며, 개를 사랑하는 애견가는 그럴 때에 침착하고 친밀한 말이 개를 안심시킨다는 것을 잘 알고 있다.

깡충깡충 뛰거나 까불고 짖어 대거나 몸을 웅크리거나 할 때에는 장난치고 싶다는 것이므로 당신이 공이라도 던져 주면 공 쪽으로 달려들 것이다.

사람도 태도나 동작으로 무엇이건 이야기한다. 실제로 우리는 표정이나 분위기로 다른 사람과 서로 통하고, 말을 입 밖에 내지 않고도 많은 것을 이야기할 수 있는 것이다.

이야기를 할 때에-상냥하게 웃는 얼굴인지, 찡그린 얼굴인지, 큰 소리로 말하는지, 가만가만 온화하게 하는지, 또는 맞장구를 치는지, 공격적인지-우리의 이런 태도는 이야기하는 상대에게 매우 큰 영향을 준다. 이야기할 때의 태도가 상대를 찬성하게 하든지, 아니면 반대하게 하는가를 결정하는 것이다. 그러므로 대화의 교훈을 말해 두겠다.

'태도나 동작은 말에 강조나 호소력을 덧붙이는 것이다.'

문명인은 대화 없이는 살아갈 수 없는데, 보통 다음의 4가지 주된 목적 때문에 이야기하는 것이다.

(1) 속마음을 상대방에게 전하기 위해

(2) 상대방 속마음을 알기 위해
(3) 상대방을 설득하기 위해
(4) 상대방에 대해 관심을 갖고 있음을 나타내고, 친구를 얻어 사귀어 가기 위해

'우리는 말로 통치(統治)한다.'

디즈 테일러의 말이다. 말의 조합(組合)이 마술처럼 인간이나 나라를 흔들고, 전쟁을 일으키고, 평화를 이룩해 온 것은 사실이다. 또 현대의 정신과 의사는 육체적인 병을 말로 고치는 수도 있다.

그렇지만 말만으로는 충분하지 않다. 말의 힘과 사상과의 밸런스를 유지할 필요가 있다.

사람들은 진실성에서 나온 말에 무게를 두고, 변덕스럽게 성실하지 못한 말은 무시해 버린다. 속담에도 '행동은 말보다 훨씬 웅변이다' 라고 했는데, 사람들이 당신의 인격을 믿지 않는다면 물론 말하는 것도 믿지 않을 것이다.

어떤 사람은 "사상은 언어의 발명과 함께 시작되었다"라고 말했는데, 확실히 말이 없었다면 사람은 동물의 테두리를 별로 벗어나지 못했을 것이다. 인간은 말과 그림과 형태를 만드는 것으로 계획을 세우고 상상한다. 그리고 복잡하고 어지러움을 느낄 것 같은 세계를 말로써 배우고 영위해 간다.

배우는 학생들이 곧잘 "알기는 하겠는데, 말로 잘 나타낼 수가 없습니다"라고 말하는데, 선생은 이 말을 받아들이지 않을 것이다. 만약 정

말로 알고 있다면 말로도 나타낼 수 있을 것이다.

말은 사람에 따라 여러 가지 다른 의미를 갖고 있다. '빨강' 이라는 말은 당신에게는 좋아하는 색이겠지만, 어떤 사람에게는 그가 증오하는 정치적 사회적 사상을 의미하므로 이 말을 그 사람에게 쓰는 것은 소에게 빨강 헝겊을 너풀거리거나 흔들어 보이는 것이나 다름없는 것이다.

사람들은 대부분 감정에 지배되어 있으므로 사업상으로나 사회적으로나 일상생활에서도 말에 대해 잘 알고, 여러 가지로 각각 다른 사람에게 그것이 어떤 의미를 갖는가를 아는 것은 매우 중요한 일이다. 말은 왜곡(歪曲)될 수 있는 것이다. 때로는 틀에 박힌 것이 되고, 때로는 본디 의미하는 다른 의미를 갖게 된다. 어떠한 훈련을 받은 사람, 이를테면 병사와 같은 사람들은 다만 한마디의 말로 반사적인 행동을 일으킨다. '앞으로 가', '모두 서' 따위에 거의 자동적으로 반응하는 것이다.

생각을 간결하게 압축해 말하라

트럼프라는 것은, 수학자가 카드가 어떻게 다른 사람의 손에 나누어지는지 아무리 계산해 보아도 그 대답이 일반론을 별로 벗어나지 못한 정도이지만 끝없이 미묘한 짜임새로 되어 있는 것이다. 보통 피아노는 건반이 55개나 있다. 겨우 이것밖에는 없는 건반에서 생기는 무한한 화음과 불협화음을 생각해 보라.

미개인이나 어린아이는 백여 가지의 낱말을 쓸 뿐이고, 교육받은 사람이라면 3천이나 4천 정도다. 낱말의 수는 적어도 의미나 감정과 저마다의 감추어진 것, 진하고 연한 뜻을 표현하는 조합은 한이 없다.

말은 우리의 생활에서 중요한 역할을 다하고 있어, 다른 사람과 이야기하고 이해하고 설득하는 데 도움이 되고 있다. 다른 사람과 잘 사귀고 잘 생활해 나가는 데 도움이 되는 것이다. 잘 살펴보면 성공한 사람은 반드시 말이 풍부한 것임을 알게 된다.

많은 사람이 우표나 화폐 같은 것을 수집하고 있는데, 좀 더 유익하고 즐거운 것이 말의 수집이라는 취미이다. 대개의 사람은, 아무렇게나 되는 대로 오가다 말을 주울 뿐, 좋은 말을 잘 모으고 간직하려 하지 않는다. 다른 사람에게 자신의 의사를 전달하거나 설득하는 데 명확하지 않거나, 정확하지 못하거나, 혼란되거나 하지 않도록 하려면 자신들이 쓰는 말의 정확한 의미를 알아두는 것은 상식일 것이다.

동료 작가인 한 친구가 대학생인 아들에게 루돌프 프레슈의 〈또렷하게 이야기하는 방법〉을 읽도록 권했다. 이 책에는 복잡한 낱말을 피하는 일이며, 하나의 문장을 20개가량 낱말로 잘 정리하여 만드는 방법 중의 몇 가지 가르침이 적혀 있었다.

그 책을 받아든 아들은 아버지에게 항의했다.

"아버지, 저를 대학에 보내어 수식절(修飾節)이니 가정절(假定節)이니 여러 가지를 배우게 한다고 하셔서 그것을 모두 해치웠습니다. 그런데 이제 다시 간결하게 이야기하는 법으로 되돌아와야 한다는 것입니까?"

아버지는 이렇게 대답했다.

"그렇다. 네가 자유롭게 말을 잘할 수 있게 될 때까지 많은 공부를 해야만 한다. 우선 많이 공부하도록 해라. 그런 다음에 간결하게 해라. 말은 마치 도구와도 같은 것이어서 지식이 풍부한 사람이 언제나 새롭고 좀 더 단순하게 직접적인 사용법을 발명하는 것이니까. 법칙을 알고 있을 때에만 법칙은 깨어지게 마련이다. 더욱이 법칙에 묶여 있다고 느꼈을 때에는 절대로 효과적이 못 된단다."

사람은 매일의 대화에서 비교적 얼마 되지 않는 말밖에 쓰지 않지만 자기가 많은 것을 간직하고 있다고 의식하는 것은 즐거운 일이며 안정감을 준다. 아무런 생각도 없이 그저 평범하게 계속하고 있는 대화에 만약 당신이 요점을 찌르는 간결한 낱말이나 문구를 신선한 어조로 이따금 이야기 속에 끼워 넣는다면 듣는 사람을 즐겁게 하고 활기를 불어넣어 주게 될 것이다.

일상 대화 가운데에 말을 잘 골라 쓰도록 마음을 쓰면, 말해야 할 내용을 잘 정리하고 다듬을 수가 있을 것이다. 더욱이 이것은 습관인 것이다.

대화란 말과 말의 즐거운 화음

여기서 '잡동사니 대화'에 대해서 살펴보아야 하겠다.

'잡동사니 대화'란, 무언가 하나의 화제에 이야기를 집중시키는 것이 아니라 아주 흔한 것, 일상생활에 대해 중요하지도 않는 사건에 대해 걷잡을 수도 없이 늘어놓는 장황한 이야기를 말한다. 주제는 대개 가정에서의 트러블이나 질병, 사업상의 불쾌한 일이나 울화가 치미는 일이다. 이것은 울분을 터트려 풀어 버리고 싶어 하는 사람이

하는 생각 없는 잡담으로, 다른 사람의 시간을 허비하게 하는 것이다. 이런 대화는 매우 하찮은 것이다.

"여어, 에드, 요즈음 어떤가?"

"고맙네. 부인이나 아이들은 잘 있나?"

"응 괜찮아. 그런데 사업은 좀 어떤가?"

"글쎄, 여전하다고 할까."

"그럼, 안정되어 있다는 얘기군?"

"그럭저럭 해 나가고 있어. 집에 가거든 모두에게 안부 전해 주게."

"그래. 고맙네. 이따금 전화라도 주게나."

"응, 그러지. 그럼 잘 가게. 에드."

"잘 가게. 또 보세, 빌."

이런 대화에는 아무런 의미도 없다. 그러나 현실에는 이것이 올바른 인사로 통하고 있고, 무뚝뚝하게 있는 것보다는 한결 낫다. 모든 대화가 이런 무의미한 것으로 끝나는 것은 아니다. 대부분은 남의 이야기에서, 이를테면 재미있었던 사건이나 중요한 보고 등으로 옮겨 간다. 중요한 것은, 인사로 하는 말에서부터 될 수 있는 대로 빨리 말을 바꾸어 무언가 새로운 사건, 신선하고 흥미있으며 이야기하기에 만족스러운 화제로 들어가는 일이다.

그러나 그렇게 하는 데는 무언가 화제가 있어야만 한다. 잡지기자인 프랭크 텔러는 우수한 기사를 쓰기 위해 우선 중요한 것은 관찰의 습관을 붙이는 일이라고 말하는데, 이와 똑같은 관찰이 대화를 잘하는 데에도 무엇보다도 먼저 필요하다. 독서, 여행, 다른 사람과의 교제 따위에도 주의 깊은 관찰이 필요하다. 흥미있는 것을 찾아보라. 틀림없이 발견될 것이다.

그러나 이것은 습관적이어야만 한다.

이에 관련하여 머릿속에 떠오르는 것이, 얼핏 보기에 교육이나 여행에 있어 아쉬운 것 없게 여겨지던 사람들의 이야기이다. 물론 관찰의 습관 없이 여행만 많이 한 부유한 자들의 이야기인 것이다.

그는 높은 교양을 지닌 집안 출신으로 대학 두 곳에서 현대어를 전공했으며, 더욱이 널리 여행을 다녔고, 여러 해 동안 유럽 생활을 했다.

그런데 그가 하는 이야기를 들어 보면, 고작 한다는 게 들으나마나한 하찮은 사건이나 일상생활의 불안 정도였다. 그의 넓은 경험은 아무것도 그의 몸의 일부가 되지 못했으며, 그가 받은 교육이나 경험으로 그에게는 관찰하는 습관을 몸에 익힐 수가 없었던 것이다. 그러한 관찰의 습관은 개인적인 철학이나 유머 감각과 결부되어 사람을 풍부한 화젯거리를 지니게 하고, 즐겁고 능란한 대화를 하도록 만드는 것인데도…….

제2차 세계대전이 일어나기 몇 년 전, 어떤 부부가 유럽과 중동 방면으로 여행했다. 이 변화 많고 별로 알려져 있지 않은 지방에서 보고 들은 이야기를 들으려고 그들이 돌아오기를 목 타게 기다렸었다. 그런데 이 무슨 실망이란 말인가!

그들은 아테네에서 먹은 음식이 꽤나 맛이 없었더라는 것, 다뉴브로 가는 도중에 걸린 감기가 어떻다드니, 부다페스트에서 큰 아유회가 있었을 때 아내가 너무 긴 드레스를 입어 무안했다는 이야기 등 고작 그것뿐이었다. 우리가 본 바로는, 그들은 차라리 대형 식료품점에라도 여행을 하였더라면 좀 더 기분 좋게 즐거웠을지도 모르는 일이었을 것이다.

앞의 두 여행담과 대조적인 여행담을 듣게 된 것은 잘 아는 한 세일즈맨을 통해서였다. 그 세일즈맨이 나를 만나려고 불쑥 찾아왔을 때

실제로는 나는 그가 그다지 반갑지 않았다.

그는 내게 최근의 여행에 대해 이야기하기 시작했는데, 공교롭게도 지난날의 부부가 지나왔던 여정과 같은 코스였던 것이다.

그런데 그는 생생하고 흥미있는 감상을 늘어놓으며 이야기했다. 이스탄불에서 유서 깊은 사원을 찾았던 일, 키프로스 섬의 주민과 함께 마신 무화과주(無花果酒)의 이야기, 소피아 사원에서 본 결혼식 이야기……. 우리도 함께 있었던 것처럼 눈으로 보는 것같이 이야기했다. 그는 우리가 감상이나 질문을 할 수 있도록 말을 끊는 듯했다. 게다가 그에게는 하찮은 이야기라도 재미있는 에피소드를 만들어 내는 습관이 있고, 유쾌하고 그리고 깊은 비평 능력도 있음을 알게 되었다.

설득의 대화술

그러면 단순한 커뮤니케이션 문제로 옮기기로 하자.

우리는 다른 사람이 이해할 수 있는 말로 이야기해야 한다. 상대편이 잘 알고 있는 말로 이야기해야만 하는 것이다.

언젠가 한 사람이 주일학교의 학생과 이야기하고 있을 때 이렇게 물었다.

"학생들은 돈이란 대체 무엇인지 아십니까?"

그는 자신의 물음에 곧 이렇게 대답했다.

"그것은 교환(交換)의 매개체(媒介體)입니다."

당신이 짐작한 대로, 어린이 중에서 이런 설명을 들은 뒤에 즐거워

보이는 얼굴은 하나도 없었다. 상대편이 잘 알고 있는 말을 쓰기로 하자.

사람은 자신이 이미 알고 있는 말로 이야기를 할 때에만 이해할 수 있다. 잘 알고 있는 말에서 조금씩 새로운 것으로 옮겨 간다.

흔한 예이지만 이탈리아를 설명할 때, 우리는 이렇게 말한다. "이탈리아는 장화 같은 모양을 하고 있다." 이렇게 말하면 듣는 쪽은 곧 이해하기 시작한다. 그는 장화가 어떤 모양인지 알고 있기 때문에, 우선 마음속으로 그 모습을 그리게 되고, 거기에 자세한 설명을 덧붙여 상상할 수 있는 것이다. 이것은 듣는 사람의 이해를 돕는 방법이고 이야기하는 쪽의 노력을 덜게 하는 방법이기도 하다.

설득하려고 할 때에는 두 가지 일을 당연히 마음에 두어야 한다. 모든 인간관계를 뚫는 기본 법칙-상대의 입장에 서서 이야기할 것. 이렇게 해야 이해관계에 민감한 상대가 안심하고 받아들이게 된다.

두 번째는 온화한 암시의 형식으로 제안을 내놓을 것. '모가 나지 않고 온건한 말, 조용한 말이 무엇보다도 강한 말이다' 라고 말하고 있다. 앞의 장에서도 말했듯이, 사람은 자기가 설득되고 생각을 바꾸게 되는 것을 좋아하지 않는다. 바꾼다는 것은, 자기의 자유 의사를 바꾸는 것이므로 거부감을 보이게 된다. 그러므로 거부감을 누그러뜨리는 암시의 형식으로 제안을 해야 한다.

거부감을 없애는 대화법

새로운 그룹에 들어갔을 때에는 다짜고짜로 대화의 화제를 다른 새로운 것으로 바꾸어서는 안 된다. 그렇게 하면 그 사람들은 분개하고 만다.

그 자리에 있는 사람 모두의 공통 주제로 이야기할 것, 누구건 한 사람에게 말을 걸어서는 안 된다. 다른 직업에 대한 비평이나, 다른 사람의 개인적인 일에 개입하는 것도 피해야 한다.

아마도 대화할 때에 취하는 태도에서 가장 나쁜 것은 냉소적이고 초월적인 태도이다. 다른 사람의 흉을 보거나 소문을 이야기하는 것은 그래도 괜찮다. 소문이란 이 세상에서 가장 흥미있는 거리이므로. 그렇지만 악의가 담긴 소문이거나 근거 없는 흉을 보아서는 안 된다. 나쁜 소문을 퍼뜨리는 것은 다른 사람을 상하게 하려는 사람으로 보이고, 그 자신의 열등감을 겉으로 드러내게 되는 것이다. 다른 사람의 좋은 점을 찾아내어 그것을 이야기하도록 하라.

속상하고 답답한 가정사, 불우했던 개인사는 되도록 피할 것, 들어주는 상대가 당신을 위해 아무것도 할 수 없다는 것을 알고 있을 때, 자기의 질병에 대한 이야기 따위는 하지 않는 편이 더 좋을 것이다.

농담이나 유머는 그것을 할 줄 모르는 사람에게도 환영받는다. 그러나 그 자리에 어울리지 않는 농담이나 유머나 위트는 하찮은 것이다. 위트는 날카롭고 매운 데가 있어야 한다. 억지로 생각한 것이면, 위트라고 할 수 없다.

스탠더드 석유회사 부사장인 앨리스 마크라나한 씨는 이런 말을 하고 있다.

"다른 사람의 의견을 깨트리는 것이 아니라, 다른 사람의 의견에다가 자기의 의견을 세워야만 한다."

협력하려면 다른 사람과의 일치되는 범위를 발견해야 한다. 만약 찬성하지 않는다고 퉁명스럽게 반대하고 나서면, 버릇없는 놈이라고 어떤 방법으로라도 호되게 보복당하고 말 것이다. 가장 절친한 친구나 가족들 사이에서도 그렇다.

다른 사람을 잘못했다고 호되게 나무라거나 책임을 따지고 들지 않는 것이 인간관계상 중요한 교훈이다.

제1장 요약

설득의 대화술

(1) 대화는 서로 주고받는 것이다. 상대방이 우리들과 함께 이야기하도록 힘쓰라.

(2) 똑같은 말이라도 사람마다 다른 의미를 갖게 마련이다.

(3) 설득은 상대편이 지금 갖고 있는 신념을 인정하는 말에서 시작된다.

(4) 설득하려면 사실을 암시하고 온화하게 말을 꺼낸다. 이야기하는 태도나 방법이 호소력을 높여준다.

(5) 논의하는 목적은 서로 이해하고 조화하는 일이다. 반대해서는 안된다. 다른 사람의 의견에다가 자신의 의견을 세워라.

(6) 설명할 때에는 알고 있는 사실에서부터 점점 새로운 것으로 옮겨라.

(7) 재미있게 이야기하는 사람이 되라. 그러려면 먼저 관찰가가 되어라.

2. 세일즈맨 판매 성공 법칙

물건을 팔려고 하지 말라 물건을 사는 것을 도와줘라

"내가 꾸물거린다고 당신은 성내지는 않겠지?"

백화점 점원에게 눈썹이 짙은 한 사나이가 이렇게 말을 꺼낸 뒤 계속 말을 이었다.

"아까 내 옆을 떠나지 않던 저 우수한 점원은 내가 미처 무엇을 살 것인지 결정도 하지 않았는데, 내가 갖고 싶어 하는 것을 멋대로 혼자 정해 버리더군. 기가 막히더군. 너무 성급하게 서둘러 아주 난처했단 말이오. 그래서 저 사람에게 저쪽으로 가 달라고 한 것이오."

"천천히 하십시오. 이제 괜찮습니다."

젊은 세일즈맨은 손님을 안심시킨 뒤 다음과 같이 말했다.

"저희들의 상점에는 국내 주요 생산품이 대부분 진열돼 있고, 재고품도 있습니다. 저도 함께 손님께서 사고 싶으신 물건을 찾아보도록 하겠습니다."

눈썹이 짙은 사내는 찬찬히 보고 있던 침대에서 눈을 들고 처음으로 웃으면서 말했다.

"당신처럼 말해 주는 사람이면 나도 아마 좋은 상품을 선택할 수 있을 것이오."

젊은 점원은 이 손님과 함께 백화점 안을 돌아다녔다. 그는 백화점의 온갖 침대를 다 보여 주었다. 얼마 후 점원은 그 손님이 찾고 있는 침대는 최고급품은 아니고 값도 너무 비싸지 않고, 튼튼하게 만들어진 제품이라는 것을 알 수 있었다.

젊은 점원은 여러 가지로 조언을 했지만 별로 집요하게 권하지는 않았다. 그는 충분한 시간을 들여 그 손님의 주머니 사정이며 특별히 좋아하는 것을 알려고 노력했다. 고객이 어찌해야 할지 모르는 어려움을 해결해 주는 것이 정말로 재미있는 일이라는 것 같은 성실한 태도를 취하고 있었다.

이 점원은 눈썹 짙은 사내가 모나코 부근에 산장(山莊)을 갖고 있으며, 또 두 개의 주(州)에 목장을 갖고 있는 재력가임을 알게 되었다. 눈썹 짙은 사내는 양복이며 침대며 가구 따위의 제품이 산더미처럼 필요했던 것이다.

백화점에서 물건을 살펴보고 간 다음다음날, 눈썹 짙은 사내는 고향으로 돌아가기 전에 3만 달러어치 이상이나 물건을 샀다. 물론 이렇게 많은 물건들은 손님이 좋아하는 것이 무엇인가를 알기 위해 노력을 아끼지 않고 손님의 뒤를 따라다니던 젊은 세일즈맨에게서 사 갔던 것이다.

맨 처음의 점원은 이 눈썹 짙은 사내에게 뭐든 상품을 팔려고 했다. 그러나 또 한 사람의 점원은 손님이 물건을 사도록 도와주려고 했다. 이 양자에게서 매우 큰 차이가 있다. 다시 말해서 팔려고 하는 방법과, 손님을 도와주는 방법의 차이이다. 처음 점원이 사용한 팔려고만

한 방법은 성급해서 점점 더 팔기기 힘들어지고, 손님을 잡아 놓을 수 없게 되었다.

당신이 하는 일은 물건을 파는 일이 아닐지도 모른다. 그러나 당신은 어째서 이 장(章)에 흥미를 느끼는 것인가? 그 대답은 이러하다.

"모든 사람이 세일즈맨입니다. 날마다 사람들은 자신이 대하는 사람에게, 자신의 참다운 가치를 인정하게 하거나 또는 이와 반대로 의도하지는 않았지만 나쁜 인상의 자기 자신을 팔고 있는 셈입니다. 그것이 출세하는가, 실패하는가의 갈림길이기도 합니다."

조지 크레인 박사는 이 문제에 대해 좀 더 자세하게 다음과 같이 말하고 있다.

"당신은 상사에게 당신을 팔아야만 한다. 그렇지 않으면 성공은 어림도 없는 일이다. 당신은 애인에게 자신을 팔지 않으면 라이벌에게 지고 말 것이고, 또한 친구에게 자신을 팔지 않으면 사회에 처져서 고독해지고 말 것이다. 게다가 자신의 아이들에게도 자신을 팔아야 한다. 그렇지 않으면 아이들도 싫어하게 되고 만다. 그리고 괴로움과 노여움의 몇 해 몇 달을 보내고 나서, 다시 되새겨 생각해 보라. 인생이란 끊임없는 '팔기 경쟁' 이라는 것을 알 수 있을 것이다.

모든 사람이 의식적이건 또는 오히려 무의식적인 경우가 많지만, 어떻든 간에 어떠한 의미의 판매라는 일을 하고 있다. 이 장에서는 특히 세일즈맨에 대해 말하고 있는데, 여기서 이야기하고 있는 원리나 실례는 세일즈맨이 아닌 사람들의 인간관계에도 도움이 될 것이다.

성공한 세일즈맨은, 판매라는 것은 광범위한 사람들과 잘 사귀어 지낼 수 있는 일이라고 생각하고 있다. 판매라는 것은 모든 사람의 마음속에 뿌리 깊은 하나의 욕망이다. 시험 삼아 마침 이 자리에 있는 사람을 주의하여 관찰해 보라.

사람이란 모두 자기의 지론(持論)을 바꾸기 싫어한다는 것은, 설득술의 분석에서 이미 말한 바와 같다. 그렇지만 자신의 신념을 근본적으로 바꾸는 것도 아니고, 게다가 약간의 새로운 생각을 덧붙이는 데는 사람들은 그다지 저항을 느끼지 않는다. 그러니까 이야기하고 있는 사이에, 처음에는 조금씩 상대의 생각을 바꾸어 가고, 마지막에는 고집하던 의견을 버리게 할 수도 있는 것이다. 어떤 사람이라도 돌연 당장에 의견을 바꾸게 하는 방법은 쓰지 말아야 하는 법이다.

많은 세일즈맨은 이 원리를 유용한 특수한 화술을 오랜 경험에서 얻고 있다. 즉 그들은 상대가 '예스' 하고 대답한다고 생각되는 질문만을 준비하여, 손님의 마음을 잘 유도하고, 마침내는 손님이 기꺼이 물건을 사도록 만든다.

그러나 이 방법이 아무리 효과적이라 할지라도 이것은 인간의 마음속에 잠재해 있는 성격에 잘 편승했음에 지나지 않는다. 인간은 자기가 이미 믿고 있는 생각과 별로 다르지 않는 한에서, 새로운 생각을 받아들여 행동한다. 사람의 마음은 천천히 움직여 바꾸게 마련이다. 그러니까 이렇게 말할 수 있을 것이다. "판매는 처음에 손님의 의견에 동조하고, 그런 다음 그의 의견을 실행으로 바꾸어 가도록 하는 방법을 사용해야 한다."

판매에 관한 이야기를 하는 중에 손님이 자신의 심정이 변해 갔구나, 하고 느껴질 것 같은 방법으로 이야기를 진행해서는 안 된다. 손님은 스스로 자신의 마음을 결정한 것이다. 그러나 그는 자신의 생각에 약간의 암시가 주어지는 것은 불쾌하게 느끼지 않을 것이다.

이에 대해 심리학자는 다음과 같이 지적하고 있다.

"사람은 암시는 기꺼이 받아들이지만 '지금 당장 사세요' 하는 따위의 명령은 싫어한다. 그러므로 적절한 암시를 하며, 깊은 감명을 마음에 새겨 넣어 주도록 하라."

당연한 일이나, 당신은 강제로 판다는 장사 방법을 알고 있을 것이다. 이 강압적인 방법도 가끔 효과를 올린다는 것은 인정한다. 확실히 뛰어난 세일즈맨은 행동적이라는 점은 주목할 만하다. 그러나 이런 방법으로는 단골손님을 영원히 계속 잡아 둘 수는 없다.

다른 한편, 내성적인 사람은 장사꾼으로는 맞지 않는다. 그런 사람은 장사에 열의를 가지고 덤벼들어야 한다. 그리고 장사하고 있는 상품에 서비스 정신을 가져야만 한다.

고객은 세일즈맨이 상품에 대한 지식이 풍부할 때, 그 사람을 신용한다. 만약에 세일즈맨의 상품 지식이 애매하거나 불안할 때에는 손님은 사기를 주저한다. 또 만약에 세일즈맨이 상품을 보인다거나 시연회 서비스를 하는 데 열심이고 성실하다면, 그 밖에 다만 한 가지 필요한 것은 적절한 암시를 주는 일이다. 이 정도의 일을 유의하여 날마다 실행에 옮겨 보는 것이 좋다.

입점(入店) 판매에 성공하기까지에 크나큰 장애가 몇 가지 있다. 그 첫째는 세일즈맨이 움직이고 다니면서 일을 하는 것이 아니라, 손님이 살 때까지 기다리는 수동적인 일이라고 생각하기 쉬운 것이다. 이 일은 정해진 일상의 일은 아니다. 입점 판매도, 출장 판매와 마찬가지로 임기응변의 재치와 신사고가 요구된다. 소매 판매에서도, 이를테면 석유 스탠더드의 세일즈맨은 일에 열심이다. 이것은 무엇을 의미하는 것이겠는가. 이러한 일을 어떻게 기술적으로 잘 해 나가는가,

그리고 어떻게 신속히 해 나가는가에 의해 사업은 지켜지기도 하고 망하기도 한다는 것이다.

둘째 장애는, 세일즈맨의 일하는 태도이다. 새로운 손님이 생각하는 것을 무시하고 일방적인 자신의 관점에서 상담을 시작한다. 당신의 생각을 손님에게 강요하는 낡은 방법으로는 팔기 어렵게 되어 있다. 제너럴 모터스에서는 임기응변의 재치와 신사고로 손님의 생각을 이끌고, 손님이 무엇을 갖고자 하는가를 알고, 그가 갖고자 하는 것을 만들어서 판매하는 방법을 쓰고 있다.

웃기 때문에 즐거워진다

샌프란시스코에서 유명한 백화점 총지배인인 레지널드 비그스 씨는 "판매란 손님이 물건을 사는 것을 돕는 일이다. 다시 말해서 손님이 필요로 하는 것이 무엇인가를 알고, 다음에는 그 필요를 충분하게 채워 준다고 생각되는 물건을 사도록 조언하고 권하는 것이다"라고 말하고 있다.

사람이 인간이라는 존재에 흥미를 느끼고 있는 한, 판매 일을 하는 것은 재미있는 일이며, 만약 세일즈맨이 그 일에 흥미를 갖고 있지 않다고 하면, 그는 이미 세일즈맨이라고 말하기 어렵다.

판매 업무에 기꺼이 일생을 바친 한 부인의 관찰을 다음에 적어 보겠다.

그녀는 어느 날, 조그마한 식당에 점심식사를 하려고 들어갔다. 그곳의 웨이트리스는 활짝 웃어 보이며, 그야말로 자신의 일을 사랑하고 손님에게 호의를 갖고 있는 것처럼 보였으므로, 그녀는 자기네 점포에서 일하는 스잔이라는 젊은 처녀가 문득 생각났다. 스잔은 언제나 못마땅해 보이는 표정으로 시무룩해 있었지만, 그래도 그녀의 일은 이 웨이트리스의 일보다 훨씬 재미있을 것이었다.

그날 저녁 일을 끝낸 뒤, 부인은 스잔에게 물었다.

"오늘 일은 어땠어?"

"별로 신통치 못해요."

스잔은 이렇게 대답한 뒤 그 이유를 설명했다.

"점포 주인인 존스 씨가 몇 번이나 저를 아래로 불러 내리곤 했기 때문에 다리가 뻣뻣해서 막대기 같아요. 게다가 오늘은 손님도 거의 없었는걸요. 재미없었어요."

"하지만 다른 사람들의 얼굴을 보고 있기만 해도 일이 되지 않겠어? 편하지 뭐겠어? 다른 일을 하고 있는 사람들은 이런 일을 부러워할 거야."

"내 뜻대로 일이 잘되지 않을 때, 다른 사람들은 어떻게 할까요?"

"글쎄? 무엇보다도 먼저 좀 더 마음을 편하게 가져야 해. 그러기 위해서는 새로운 구두를 사 보기도 하고, 저녁때에는 문 밖의 깨끗한 공기를 호흡하기도 하고, 음식을 바꾸어 먹어 보는 것도 좋을 거야.

하지만 그런 모든 것보다 가장 중요한 것은 미소 짓는 일이라고 생각해. 물론 웃는 집에 복이 있다느니 하는 것은 옛날 속담일지도 모르지. 하지만 그것이 사실이야. 미소란 즐거울 때 저절로 나오는 것이지만, 또 그것은 즐거운 기분을 만들어 내는 원인이 되기도 하니까 말이야."

이 부인이 말한 것을 윌리엄 제임스를 비롯하여 많은 심리학자가 증명하고 있다. 근육의 운동은 감정을 불러 깨운다. 이 감정은 신경을 통해 뇌로 전달된다. 다음에 감정의 반응이 계속해서 일어난다.

제임스는 무섭다고 생각하는 심정을 예로 들어 설명하고 있다.

(1) 곰을 본다.

(2) 무서워진다.

(3) 달아난다.

이 마음의 움직임을 다음의 순서로 매일의 판매에 응용할 수 있다.

(1) 손님을 맞는다.

(2) 방긋 미소 짓는다.

(3) 유쾌해진다.

부인은 제임스가 말한 감정의 반응을 상기하면서 스잔에게 이렇게 제안했다.

"빙글빙글 웃어 봐. 그렇게 하면 정말로 즐거워질 테니까. 여러 번이나 웃어 보고, 마지막에는 뺨의 근육이 나는 행복하다고 머리에 언제나 타이르듯 해 봐. 웃고 있으면 아픈 다리도 잊혀질 거야. 존스 씨에게 상냥하게 웃어 줘 봐. 그를 노하게 해 주는 것보다, 즐겁게 만들어 주는 편이 얼마나 쉬운 일인지 알게 될 테니까."

스잔은 부인의 말대로 존스 씨에게 웃어 주었다. 결과는 매우 좋았다. 그러나 그것은 존스 씨와의 관계에 국한된 것이었고, 일이 생각대로 다 잘된 것은 아니었다. 그렇지만 스잔은 존스 씨에게 놀랄 만큼 즐거운 반응을 얻었던 것이다.

"그는 다만 월급을 받는 여자들에게 대하는 것과는 다른, 한 사람의 독립된 인격을 가진 나에게 말을 걸어 주었고 상냥하게 웃어 주는 거야."

그녀는 친구에게 그렇게 말했다. 이 처음의 성공에 마음이 흐뭇해진 그녀는 다른 종업원들이며 손님들과는 다정한 사이가 되는 데 성공하고, 이전의 단조롭던 일은 즐거운 것이 되었다.

갖가지 감정 표현 가운데에서 미소만큼 뚜렷하고 실제적인 효과를 갖는 것은 없다. 시험 삼아 미소 지어 보라. 당신은 틀림없이 훌륭한 성과를 올릴 수 있을 것이다.

아침마다 거울을 보고 미소를 지으라. 용기 없고 시든 얼굴에는 갑자기 생기가 돌 것이다. 아침의 식탁 너머로 아내에게 또는 남편에게 웃음 띤 얼굴을 지어 보라. 레스토랑에서 웨이트리스에게 웃어 보라. 그들은 얼마나 깜짝 놀랄 것인가. 당신에 대한 그녀들의 태도는 깜짝 놀랄 만큼 다정해질 것이다.

직장에서 동료에게 인사를 할 때에도 웃도록 하라. 손님에게도 웃는 얼굴로 대하라. 그리고 그들이 어떤 반응을 보이는가 주의해 보라. 웃음을 짓는 습관은 사람과 친숙해질 수 있는 이상한 마력(魔力)을 가지고 있다. 세일즈맨에게 웃은 얼굴의 효과를 아무리 많이 강조한다고 하더라도 지나치지는 않을 것이다.

실제로나 또한 책에서도 그렇지만, 세일즈맨의 훈련은 주로 정해진 장소에서 상품을 팔고 있는 사람들을 대상으로 하고 있지 않다. 그것은 자신이 직접 밖으로 나가 사무실이나 가정으로 판매하는 사람들을 위해 행해지고 있다. 지금 여기서 말하려고 하는 이 소매 판매론은 그런 사람들에게 도움이 될 것이다.

그러면 실제로 판매 업무에 종사하는 사람들이 성공하기까지의 시도나 고난에 대해 말해 보겠다.

세일즈맨의 판매 성공 6가지 공식

다음에 판매 성공에 이르기까지 필요하다고 생각되는 6가지 공식을 생각해 보자.

(1) 자연스럽게 말을 건다.

(2) 호감을 갖게 한다.

(3) 흥미를 일으키게 한다.

(4) 사고 싶다는 마음을 일으키게 한다.

(5) 잘 설득한다.

(6) 강제로 판다.

이 6가지 공식은 물론 언제나 정해진 순서가 아니라, 때에 따라 가려서 쓸 필요가 있다. 이 6가지 공식에 대해 재미있는 예와 함께 설명해 보겠다.

1. 자연스럽게 말을 건다

강제로 파는 경우 자연스럽게 말을 걸 것, 다시 말해서 처음 만날 때의 인상만큼 중요한 것은 없다.

제2차 세계대전 중 그리고 그 뒤 2,3년은 파는 쪽이 주도권을 쥐었다. 이 시대는 세일즈의 도(道)가 땅에 떨어진 때다. 당시는 필요한 물건을 구할 수 없었으니까 파는 쪽은 팔짱을 낀 채 가만히 있어도 좋았던 것이다.

대부분의 세일즈맨들은 손님에게 비위를 맞추는 것은 시간의 낭비라고 생각하고 있었다. 손님은 냉대받았다. 얼마나 많은 손님이 휜

셔츠나 나일론을 사러 왔는데도, "우리 집엔 없어요" 하고 싸늘하게 냉대받아 왔는가. 좀 더 심한 곳은 세일즈맨이 매우 뻐기면서 "귀찮게 구는군요. 방해돼요" 하고 호통을 치기까지 했다. 소비자는 이것을 오래오래 잊지 않을 것이다. 앞으로 언제까지나 그 사건을 기억하며 그런 좋지 않게 행동한 상점이나 세일즈맨에게는 물건을 사지 않을 것이다.

다른 한편 당시 손님이 원하던 물건이 없는 것을 미안해하고, 그 물건 대신 쓸 수 있을 만한 물건을 권하기도 하고, 어떻게 하면 구할 수 있는가를 가르쳐 주기도 하면서 접대한 세일즈맨도 소비자는 오래 잊지 않을 것이다.

경제계는 다시 옛날과 같은 대량 생산과 자유 경쟁의 시대로 돌아왔다. 사람들은 생활하기 편해졌다. 가정생활이나 사회생활에서나 각자의 활동 중에서 다른 사람과 잘 살아 나가려면 손님을 기분 좋게 맞이한다는 장사의 대원칙을 지키는 것이 가장 좋은 훈련법이기 때문이다.

오늘날 대부분의 가게에서는 "어서 오십시오" 하고 인사를 하는 것이 보통이 되어 있다. "무엇을 찾으시나요?"보다도 이편이 의심도 없고 훌륭한 것이다. 그러나 입점 판매인 경우 이런 말도 길지 않는 편이 좋다고 어떤 사람들은 말하고 있다. 왜냐하면 숫기가 없는 손님은 대개 맨 처음에 이렇게 묻는 것을 싫어하기 때문이다. 입점 판매자들의 말을 들으면, 손님들은 십중팔구는, "아니 그냥 그뿐이오" 하고 대답하기 마련인데, 그것은 '안녕' 을 의미하는 경우가 많다는 것이다.

친밀감 있는 태도로 "안녕하세요?", "어서 오세요"라는 것이 좋다고 그들은 말한다. 인사말은 별도로 치고. 가장 중요한 것은 미소 지으며 기꺼이 손님을 맞는 태도다. 어떠한 경우에도 훌륭한 세일즈맨이 쓰는 말은, “무엇을 도와드릴까요?”라는 공손한 것이건, 다만 단순히 “안녕하세요”일지라도 그 말이 아주 자연스럽게 손님의 마음에 듣기 좋게 울리는 것이다.

손님이 어떤 상품 앞에서 멈추어 서 있는 경우 노련한 세일즈맨이라면 그 상품이 유익하다거나 흥미있는 것이라거나 특제품이라거나, 그 밖에 여러 가지 도움말을 하여 손님의 주의를 끌도록 하는 것이 가장 좋은 접근법이라고 생각하고 있다. 그리고 상품을 집어 들어 손님 앞으로 내보이기도 하고 만약에 실용품일 때에는 손님에게 시험삼아 사용해 보게 하는 것이다.

상품의 설명을 어떻게 할 것인가, 이는 상품의 성격에 의해서도 달라지고, 그때의 사정에 의해서도 다르다. 손님은 전화로 상품을 조회해 올 때도 있다. 전화 문의에 응하는 사람은 부드러우면서도 또렷한 대답을 하도록 습관을 들여야만 한다. ‘똑똑하게, 또렷하게!’ 이것이 무엇보다도 중요한 응답 방법이다.

전화를 걸어온 사람에게 호감을 주도록 말해야 한다. 잘 알아두어야 할 일은 태만과 무관심은 반드시 이야기하는 방법에도 나타나게 마련이다. 그러한 것은 누구든지 싫어한다. 따라서 판매의 경우는 처음부터 마지막까지 이제까지 말한 것, 다시 말해서 태도며 상품 지식이며 마음가짐이며 손님의 질문에 대한 대답 따위가 모두 중요해진다. 특히 손님에 대한 성실과 판매에 대한 열성을 잊어서는 안 된다. 적합한 때의 대답, 그 밖의 모든 개성이 한데 어우러져 우수한 세일즈맨을 만들게 되는 것이다.

손님을 찾아다니는 출장 판매에 우수한 세일즈맨의 경험담을 말해 보겠다.

“손님에게 접근하여 친숙해지는 데 없어서는 안 될 일은 자신감을 갖는 것이다. 보험계약에서 이제까지 가장 컸던 것은 5만 달러였다. 나는 그때까지는 큰 계약에 자신을 갖지 못했었다. 어느 날 어떤 사람이 5만 달러의 보험에 대해 문의해 왔다. 나는 처음 있는 일이었으므로 흥분하고 말아 하마터면 그 계약을 놓칠 뻔했다. 그렇지만 그 이후는 그것이 경험이 되어 자신있게 큰 계약을 성사시키려고 찾아다녔다. 그 결과 지금은 퍽 많은 소득을 올리게 되었다.”

세일즈맨이 자신을 갖는 것은 중요한 일이지만, 너무 지나치게 갖게 되어 건방지게 행동하거나 너무 말을 많이 하게 되면 손님이 좋아하지 않는다. 어떤 때라도 손님에게 가르쳐 준다는 태도로 손님을 대해서는 안 되는 일이며, 손님보다도 그 사건에 자세하더라도 ‘내가 당신보다 자세히 알고 있단 말입니다’ 하는 태도를 취하는 것은 금물이다.

절대로 손님을 가볍게 생각해서는 안 된다. 실제로 손님이 첫째라는 것을 잊어서는 안 된다. 예를 들면, 손님의 이름을 기억했다가 이름을 공손히 불러 주는 것은 판매술로서 매우 뛰어난 방법이다. 이것은 개인적으로 친밀감을 느낀다는 의미에 있어, 세일즈맨에게 얼마나 플러스가 되는지 모른다.

2. 호감을 갖게 한다

6가지 판매 공식의 제2단계는 호의를 갖게 하는 것이다. 사람들이 그들에게로 오는 것은, 상품 지식을 얻기 위하거나 물건을 사러 오기 위해서다.

숙련된 세일즈맨은 아주 솜씨 있게 손님의 비위를 맞추어 손님이 애당초 생각했던 이상으로 물건을 사게 하는 수가 있다. 그런데 이것을 잘못 생각한 2류쯤 되는 세일즈맨은, 필요 이상으로 물건을 사게 하는 것이 매우 중요하다고 생각하고 있다. 이에 반하여, 뛰어난 세일즈맨은 손님에게 별로 필요하지 않다고 생각하는 물건은 팔지 않도록 하고 있다.

손님에게 상품을 보여 주는 경우, 능숙한 세일즈맨은 맨 처음 중류품쯤 되는 것을 골라 내놓는 법이다. 고급품을 권하는 것은 살 여유가 없는 손님을 쫓아 보내는 것과 마찬가지의 결과가 되고, 반대로 너무 값싼 물건을 꺼내 놓는 것은 최고급품을 살 생각이었던 손님에게는 실례가 되기 때문이다.

손님의 복장이나 겉보기로 호주머니의 형편을 생각하는 것은 이따금 잘못을 일으키게 마련이다. 그 좋은 예로써 샌프란시스코에 있는 세일즈맨의 지도자인 진 유난 씨가 들려준 이야기를 옮겨 보기로 한다.

샌프란시스코의 어떤 큰 백화점 부인복 코너에 폐점 시간이 다 될 때에, 한 초라한 옷차림의 노부인이 들어왔다. 그것을 본 그 자리에 있던 판매원들은 모두 진열장에서 잘 보이지 않는 곳에 들어가 버렸다. 이런 것을 본 한 점원은, 상냥하게 노부인에게 가까이 다가가서 그녀가 찾는 물건을 꺼내어 보이기 시작했다. 그는 부인과 함께 폐점한 뒤 한 시간가량이나 백화점에 남아 있었던 것이다.

이 노부인은 외국에 간다면서 양복 외에, 유럽에 사는 친척에게 줄 양복도 사 갔다. 그리고 그 점원은 팁으로 100달러 이상이나 받게 되었는데, 판매원 중 누군가가 한 사람이라도 만약 그 얼마 되지 않은 시간 남아서 손님의 편의를 보아 주었더라면 이 100달러가 넘는 보수는 그 점원의 것이

되지 못했을 것이다.

상황에 알맞은 조치도 또한 중요한 일이다. 손님이 기차 시간을 놓칠 것 같다거나, 약속 시간에 늦을 것 같다거나, 또는 기분이 나쁠 때에는 손님은 침착하게 당신의 말을 귀담아듣지 않는다. 그런 경우에는 억지로 강요하지 말고 다음 기회를 기다려야 한다.

3,4 흥미가 없으면 사지 않는다

판매법 제3,4의 단계는, '손님에게 흥을 일으키게 하고', '사고 싶다는 마음이 생기게 하라' 이다.

판매의 요령은, 손님이 필요로 하고 있는 가장 적당하다고 생각되는 물건을 판매 물품 가운데에서 골라내어 보여 주는 것이다.

손님의 자존심을 만족하게 해 주고, 요구에 꼭 맞는 편리한 것으로, 더욱이 가격 면에서도 납득할 만한 물품을 얼른 골라서 보여 주면 좋다. 그러려면 손님의 구매 욕망의 정도를 알도록 애써야만 한다.

만약에 손님이 가장 관심을 갖고 있는 물건이 어떤 것인지 짐작할 수가 없는 경우에는, 손님과 잠시 이야기를 나누어 본다. 그리고 주의하여 듣고 있으면, 대수롭지 않은 잡담 가운데에도 손님이 마음에 가장 들어하는 물건이 무엇인지 알 수 있을 것이다.

손님이 찾고 있는 상품이나, 서비스가 없는 경우에는 억지로 팔 생각은 하지 않는 것이 좋다. 이때는 손님이 찾는 물건이 이 가게에는 없다고 솔직하게 말하고 사과하는 편이 좋다. 그리고 할 수 있다면 주문하여 가져다줄 것인지, 어떨지를 물어 보는 것이 좋다. 어떤 세일즈맨은 그 상품을 취급하는 다른 업자를 소개하는 일도 있다. 세일즈맨이란, 손님에게 이와 같이 개인적으로 시중을 들어 주어 손님과 친하게 되려고 하는 사람이다.

손님이 질이 좋은 물건을 사거나, 가장 마음에 드는 서비스를 결정한 뒤에도, 그 상품의 뛰어난 점을 강조해야만 한다. 이것을 사면 손님의 고민이 깨끗이 해소되며, 욕망을 채우게 되는 거라고 상품의 우수성에 대해 말하라. 그렇다고 너무 강요하는 것처럼 해서는 안 된다. 암시하여 권하도록 하라.

한편, 성공한 세일즈맨은 언제나 판매에 대한 열성적인 노력을 잊지 않았다. 세일즈맨의 판매에 대한 열성은 저절로 손님에게 통하게 된다.

뉴욕 마시 회사의 세일즈맨 양성부장(養成部長)인 존 마그러스는 조그마한 가게에서 물건을 샀는데, 세일즈맨 판매법의 좋은 예로써 지금도 잊혀지지 않는다고 말하며, 다음과 같은 이야기를 했다.

콜롬버스 시의 조그마한 가게 쇼윈도에 산뜻한 넥타이가 걸려 있는 것을 발견하고 나는 그 가게로 들어가 넥타이를 보여 달라고 부탁했다. 이때, 그곳 점원의 행동이 인상적이어서 지금도 나는 물건을 샀을 때의 상황을 자세하고 똑똑히 기억하고 있다. 그 기억은 이러했다.

응대한 사나이는 점포 주인인 것처럼 보였는데, 나이가 지긋한 다정해 보이는 친절한 사람이었다. 그는 마치 갓 태어난 어린아이를 다루듯, 조심조심 공손하게 얼마간 호기심도 있는 것처럼 생각되는 태도로 진열장에서 넥타이를 꺼냈다. 그는 내 앞의 가운데에 넥타이를 가만히 놓았다. 그는 차근차근 공손하게 그 넥타이가 질이 좋은 것이라고 이야기했다. 그는 색의 조화가 잘 맞는다고 하면서 넥타이를 내 윗저고리에 대어 보았다.

그는 솜씨 있게 넥타이를 카운터에 다시 되돌려 놓았다. 이런 분위기에서 어떻게 내가 그것을 사지 않겠다고 할 수 있겠는가?

물건은 틀림없이 좋은 것이리라. 왜냐하면 그는 상품 지식이 풍부하며, 그가 권하는 일거일동이 하나에서 열까지 그 넥타이가 좋은 것이라고 믿게 하기에 충분했기 때문이었다.

그의 상품에 대한 열성이 나에게도 전달되어, 나는 그 넥타이를 꼭 사고 싶었다. 값이 좀 비싸지나 않을까, 하고 마음속으로 겁먹으면서도 나는 사기로 결정했다. 그는 넥타이를 공손하게 포장하여, 비싼 보석이라도 내어주듯이 내게 내주었다. 값은 100달러 28센트라고 그는 말했다.

세일즈맨은 손님이 사기를 바란다면 '상품을 소중히 대하고, 판매에 열심히' 라는 것을 손님에게 나타내 보여 주어야만 한다. 여기서 강조하고 싶은 점은 바로 이 점이다. 또 이 이야기에 주목해야 할 일은, 판매 태도가 노련했다는 점이다. 물건을 대하는 태도만으로도 손님의 주의를 끌고 흥미를 일으키게 하는 것이다. 진열장에서 넥타이를 꺼낼 때의 판매원의 모습, 그리고 그것을 손님에게 보여 주는 방법을 다시 한 번 주의 깊게 읽어 보라. 판매에 대한 열성과, 공손한 응대가 판매술의 중요한 수칙이다.

반대로 세일즈맨이 가만히 버티고 서 있기만 해서는 손님을 잡을 수 없다. 손님 앞에 진열대의 상품을 몇 가지 꺼내기는 하나, 아무런 설명도 하지 않고 우두커니 서 있기만 하는 세일즈맨도 있다. 손님이 이런 세일즈맨에게 어이없다는 듯이 어깨를 움츠려 보이고는 그 자리를 떠나는 까닭은, 그 세일즈맨이 생각하는 것보다 더 깊은 이유에 있는 것이다. 그 자리를 떠나는 대부분의 손님은 세일즈맨에게 모욕받은 것처럼 느끼기 때문이다. 그렇다. 모욕인 것이다.

손님은 처음 대하는 세일즈맨에게 자신이 소중한 손님이라고 대접을 받고 싶다고 간절히 바라는 것이다. 상품의 효용(效用)에 대해 아무 말도 듣지 못하는 손님들은, 자신들이 중요하게 대접받고 있지 않다고 생각되어 대부분 그대로 가 버리는 것이다.

5. 판매 성공 설득법

손님의 흥미를 끌고, 사고 싶은 욕망을 일으키게 하는 데 성공했다고 가정하고 판매법 제5단계, 즉 잘 설득하는 방법으로 옮기도록 한다.

제1에서 제4 단계를 거쳐, 손님은 대개 상품을 살까 하는 마음이 생겼다. 이때 손님은,

(1) 상품을 살까

(2) 돈을 쓰지 않는 게 좋을까

(3) 또는 무언가 다른 물건을 사는 편이 좋을까

이러한 생각에 마음을 정하지 못하고 그 상품의 값을 물을 것이다. 그때 손님은 사지 말까, 하는 태도를 갖기 쉽다. 세일즈맨에게는 가장 좋은 기회인 것이다. 왜냐하면 손님이 상품에 굉장히 흥미를 갖고 있다는 증거이기 때문이다.

우수한 세일즈맨은 결코 당장에는 손님의 반대 의견에 거역하지 않는다. 손님은 망설이면서 여러 가지 반대 의견을 말하는 동안에 점점 상품의 참다운 가치를 이해하게 된다.

세일즈맨은 손님이 그러한 말을 하는 데 맞장구도 잘 쳐 주고, 때로는 손님의 반대 의견도 옳다는 것을 인정한다. 다음에 세일즈맨은 이야기를 다시 돌려 물건을 샀을 경우의 주된 이점을 말한다. 다른 사

람이 그 물건을 사서 이득을 보았던 예 같은 것도 꺼낸다. 손님이 값에 대해 난색을 보일 때는 값에 비한 상품의 가치며 중요성을 요약해서 다시 인식하게 한다. 다만 그 경우도 암시하는 데 그친다. 이러한 것도 그때그때에 적당한 방법으로 권하면 된다.

그러나 손님을 설득시키는 데 감정적이 되는 것은 삼가야 한다. 목소리를 높여 이야기하거나 손님에게 아랑곳하지 않는 태도는 실패의 원인이 된다. 손님과 말다툼이라도 하는 것 같은 설명 방법을 취해서는 안 된다. 손님의 요구에 가장 잘 들어맞는 물건을 사게 해 준다는 마음을 언제나 갖고 있어야만 한다.

6. 강제 판매법

맨 마지막에는 강제로라도 물건을 사게 하는 단계이다.

손님이 사야겠다는 마음이 들지 않는 한 서둘러 팔려고 해서는 안 된다. 이때는 손님이 자기에게 가장 잘 맞는다고 생각되는 물건에 주의를 집중하고 있는 때이니까, 손님의 주의를 다른 곳으로 돌리지 않도록 해야 한다.

뛰어난 세일즈맨은 손님에게 '노' 하는 대답을 하게 할 질문을 절대로 하지 않는다. 그러므로 상황에 가장 알맞은 질문을 해야만 한다. 이를테면 주문서를 들고 완곡하게 권하는 편이 가장 좋은 방법이라고 알고 있다. 또한 "하나로 하시겠습니까? 둘로 할까요?"라든가 "현금으로 하시겠습니까?, 카드로 하시겠습니까?"라든가 또는 "배달로 할까요? 언제쯤 배달해 드리면 좋겠습니까?" 이런 말을 묻는 사람도 있다. 다시 말하지만 이런 방법은, 그 자리에 가장 잘 알맞은 경우에만 써야 한다.

억지로 사게 하는 방법 중에 손님이 살 듯한 눈치를 보였을 때 세일즈맨이 이를 놓치지 않고 분명한 행동을 취하는 것만큼 중요한 것은 없다. 그러나 때를 놓치지 않고 분명한 태도를 취한다는 것은 절대로 강제로 떠맡기는 것을 의미하는 것은 아니다. 떨이용으로 남아 있던 물건을 처분하여 재빨리 장사를 끝낼 수도 있고, 시원시원하게 손님이 원하는 가격에 맞추어 상담을 끝낼 수도 있다.

몇 번이나 말했듯이 어떠한 방법이든 간에 강제로 떠맡기려 한다는 느낌을 손님에게 주어서는 안 된다. 실제로 손님은 자신의 욕망에 의해 구매했다고 생각하고 싶지 강제로 떠맡아 구매했다고 생각하기는 싫어하는 것이다.

뉴욕 대학의 프레스튼 로빈슨 교수는 그의 저서 〈세일즈맨의 성공법〉 가운데서 다음과 같이 말하고 있다.

"세일즈맨이란, 좀 더 편리하고, 좀 더 싸며, 좀 더 꼭 맞는 물건은 없을까 하고 손님이 찾고 있을 때, 그러한 물건을 사도록 돕는 상품에 대한 지식과 친절과 봉사의 마음을 갖고 있어야 되는 사람이라고 손님은 생각하고 있다. 판매법은 우연히 되는 것이 아니라 노력해야만 터득되는 것이다."

맨 끝으로 손님이 물건을 산 뒤에도 세일즈맨은 이 물건을 사기를 정말로 잘했다는 생각을 갖게 하여 손님을 보내야 한다.

"그 양복을 입으면 틀림없이 품격까지 한 단계 업시켜 줄 겁니다", 판매인은 이렇게 말하고, "아름다운 경치가 당신을 기다리고 있을 겁니다", 관광 매표원은 이렇게 말한다. 손님은 양복이나 여행권 따위의 눈에 보이는 것만을 사들고 집으로 돌아가는 것이 아니라는 점을 잘 기억하라. 손님은 물건을 산 것이 참으로 보람이 있다는 만족감을 맛보고 있다. 이때 다시금 이 물건을 구매함으로 해서 갖게 되는 기쁨이나 흐뭇함을 보증하는 마지막 멘트는 생각지도 못한 정도의 효과를 가져온다. 손님은 이와 같은 세일즈맨의 태도를 잊지 않고 또 새로운 물건을 살 때에도 그에게로 오게 되는 것이다.

가솔린을 팔거나 안전핀을 팔거나 일용품을 팔거나 또는 다른 사람에게 고용되어 일하고 있거나 이제까지 말한 판매 공식 6가지 단계는 틀림없이 좋은 지도서가 될 것이다.

물건을 팔고 서비스를 파는 기본적인 사고방식은 다른 사람을 자신의 설(說)에 동조하게 하는 일과 서로 통한다. 사람은 자신이 흥미 있는 일 외에는 관심을 보이지 않고 다른 사람의 생각을 받아들이지 않는 법이라 자신의 설에 동조케 하고 싶을 때에는 그들이 이미 가지고 있는 사고방식에 잘 맞추어 상대해 주면서 자신의 생각을 말하지 않도록 하는 것이라는 사실을 깨달아야 한다.

사고방식은 알고 있어도 실행에 옮기지 않으면 아무런 의미도 없다. 당신은 '뛰어난 세일즈맨은 어떻게 해야 할 것인가', 하는 것은 이미 알고 있고 짐작도 하고 있을지 모르지만 실행이 따르지 않는다. 실행 없이 실적은 올라가지 않는 법이다.

"우리가 실행하는 경우 우리와 관계된 모든 사람, 손님도 세일즈맨도 매니저도 간절히 바라는 것은 일치하게 된다"고 한 마샬필드 회사의 부사장인 베르겐 씨는 세일즈맨에 대해서 다음과 같이 말하고 있다.

"가장 중요한 것은 각자가 자신을 존중하고 사명의 중대함을 아는 일이다. 그 의미는 이를테면 새로운 테이블을 아름다운 거실에 놓았으면 좋겠다고 생각하고 있는 부인이 우리에게 의논을 해 오도록 하는 것이다. 의논하러 오면, 부인은 실은 테이블이 두 개 필요하다는 것을 깨달을지도 모른다. 어린이가 놀이할 때 입을 옷을 찾는 부인의 의논을 받는 것은 손님이 어린아이를 자랑할 기회를 만드는 것이 되기도 한다."

손님과 말다툼을 하거나, 종업원들과의 사이에 불화를 일으키게 하거나, 다른 사람의 인격을 상하게 했을 때에는 반드시 주위 사람에게 심술을 부리게 마련이다. 그러면 그 상대가 언젠가는 보복을 하게 된다. 자기를 소중하게 하고, 다른 사람의 인격을 인정하는 태도는 확실히 세일즈맨 기질이다. 이러한 성격의 사람은 절대로 실패하지 않는다.

이것은 분명히 법칙과도 같이 정확한 일이다. 이런 일에 습관이 되지 못한 사람은 생각을 바꾸도록 권한다. 지배인이 세일즈맨에게 손님과의 사이를 잘 해주기를 바란다면, 자신이 우선 세일즈맨과 맞추어 나가도록 상대해야 할 것이다.

제2장 요약

세일즈맨 판매 성공 법칙

(1) 친밀감 있는 태도로 손님에게 접근한다.

(2) 질문이나 관찰로 손님이 찾는 것을 파악하라. 손님이 바라는 급소(急所)를 잡으라.

(3) 논쟁을 피하라. 반대 의견에는 암시를 갖고 대답하라.

(4) 암시나 질문을 하더라도, 손님이 스스로 선택한 것처럼 만들어 팔도록 하라.

(5) 손님을 웃는 얼굴로 보내고, 물건을 사는 즐거움을 잊지 않게 하도록 하라.

(6) 언제나 손님이 흥미를 가지고 있는 물건을 팔라. 필요 이상의 것을 억지로 팔지 말라.

3. 성공과 실패, 동료의 협조에 달려 있다

능력이 없어서 쫓겨나는 것은 아니다

필라델피아에서 굴지의 그룹 부사장의 전속 비서는 중년이 다 된 부인이었다. 15년 동안 그녀는 그곳에서 일했는데, 자기 중심적인 사고방식이 되고 말았다. 그녀가 부사장에게 직원들의 이야기를 할 때에는, 그녀의 어조에서 정직함보다는 차라리 가혹함마저 느껴졌다.

부사장이 세상을 떠나고 후임으로 온 부사장은, 조직 속에 조화가 이루어지지 않고 팀워크가 짜여 있지 않는 것을 깨닫고 원인을 조사해 보았다. 그러자 그녀의 동료들은 대부분 다 그녀를 비난했다. 그녀는 해고되어 버렸다.

그러나 그녀는 비범한 능력을 가지고 있었다. 다른 사람에 대한 따뜻한 동정심이 없다는 결점 이외에는 실력이 출중했다.

그녀가 봉양(奉養)하고 있는 어머니는 오랜 병으로 앓아누웠는데, 그 영향으로 그녀의 대인관계를 일그러뜨리고 있다는 것을 알고 있는 동료는 극히 몇 사람 되지 않았다. 아무도 그런 이유를 알려고 하지 않았다. 동료들이 마음을 쓰게 되는 것은, 단지 그녀와 사귀기가 어렵다는 일이었다. 소수의 사람들은 그녀에게 그것을 충고했지만, 그녀는 그 말을 귀담아들으려고 하지 않았다.

결국 그녀는 오랫동안 열심히 일한 회사에서 쫓겨난 뒤 여기저기로 일자리를 전전하다가, 현재는 전에 있던 회사에서 받은 급료의 절반도 채 못 되는 일자리에서 일하고 있을 뿐이었다.

윌리엄 라일리 박사는 〈아메리카 비즈니스〉 지에서 이렇게 말하고 있다.

"직장에서 해고된 사람들을 볼 때마다 내가 느끼는 것은, 그들이 잘못된 것은 능력이 없기 때문이 절대로 아니라는 사실이다. 내가 분석한 결과에 의하면, 이러한 일의 잘못의 84%는 대인관계가 잘되어 있지 않다는 점에 있다."

어떤 일에도 성공하는 비결이 3가지 있다고, 라일리 박사는 지적하고 있다.

(1) 일에 대한 열의

(2) 일에 대한 능력

(3) 함께 일하는 동료와 원활하게 사귈 수 있는 능력

대인관계가 최고의 능력

능력 있는 사람은 동료들과 잘 사귀지 못하더라도 한동안은 일을

훌륭하게 해 나갈 수 있을지도 모른다. 그러나 그러한 사람이 부하를 잘 부려 성과를 올리는 직장, 다시 말해서 관리업무를 수행하는 경우 실패하는 일이 흔히 있다. 같은 큰 회사이지만 저마다 다른 부문에서 일하고 있는 두 기술자에 대한 이야기를 하겠다.

둘 다 기술 전문가였다. 둘 다 사업에 관해서는 사소한 부문까지 자세히 알고 거의 완벽하게 일은 잘했지만, 만약 누구든지 일을 방해하면 마구 호통을 쳤다.

두 사람은 작업에 정통한 점을 인정받아, 같은 해에 각각 전문 부문의 지배인이 되었다. 그러나 누구 하나 그들 밑에서 여러 달 일하는 사람이 없었다. 아무런 해결 실마리도 주지 않고 일을 명령하기만 하고, 비꼬아 핀잔을 주기도 하고, 부하의 조그마한 실수에까지 일일이 잔소리를 하기 때문에 전혀 일이 진척이 되지 않았다. 그리하여 두 사람은 저마다 전에 하던 일자리로 다시 좌천되었다.

이 두 사람의 이야기에는 후일담이 있다. 5년 뒤 이 가운데 한 사람은 위장병으로 죽었다. 오늘날 이 위장병은 일반적으로 신경의 초조함에 원인이 되어 일어나는 것이라고 의사들이 생각하고 있는 병이다. 또 한 사람은 미쳐 죽었다.

이러한 비극은 드문 일이 아니다. 다른 사람과 잘 사귈 수 없는 사람은 자신에게도 불행한 일이다. 이런 사람으로서 건강을 해치고, 일에 실패한 이가 얼마나 많은지 모른다.

어떤 기업의 기술부에서 일하는 사나이가 있었다. 그는 일에 대한 능력도 열정도 갖고 있었지만, 그 이상으로 사람을 사귀는 재주가 훌륭했다. 그는 언제나 일을 잘 처리해 나갔는데, 더욱이 그와 함께 일하는 기술자 누구하고도 사이가 좋았다.

그는 언제나 인기가 있었다. 사람들은 다른 사람의 성공에 배가 아파서, 곧잘 보지 않는 데서 험구를 하고 싶어 한다는 것은 누구나 잘 알고 있는 일이지만, 누구 하나 출세가 뒤늦어진 사람까지도 그를 나쁘게 헐뜯지 않았다. 그것은 그가 윗사람에게 비위를 맞추려고 아첨을 하는 사람이 아니라는 것을 누구나 알고 있었기 때문이다.

그는 부탁받은 일에는 어떤 일이라도 책임감을 가졌으며, 그것을 윗사람과 충돌을 일으키지 않고 잘 해냈다. 때로는 동료와 의견이 맞지 않는 일도 있었지만, 납득할 수 있을 때까지 서로 이야기를 나누었기 때문에 어떤 일이나 어렵지 않게 거뜬히 해낼 수가 있었다. 마침내 그는 대기업 부장으로 승진했는데, 그 지위는 인간관계를 잘 유지하는 일이 가장 중요한 조건으로 되어 있는 자리였다.

신참 후배를 사로잡는 방법

여기에 개나 그 밖의 동물을 좋아하는 사람이 있는데, 그가 무엇보다도 좋아한 것은 사람 사귀기였다. 그는 사람들과 어울려 게임을 즐기고 대화를 즐거워한다. 그는 이른바 중심인물이 아니라, 오히려 기분 좋게 다른 사람의 이야기에 귀를 기울이는 타입이다. 그는 결코 자기 자랑을 하지 않으며 주위에 대한 배려심도 깊다. 결코 듣기 좋은 말로 번드르르하게 이야기하지 않는다. 이렇게 전체의 조화에서 눈에 거슬리지 않는 성격에다가 전문 지식과 실무 경험을 아울러 갖춘 사람은 크게 성공한다.

당신은 직장에 새로 들어온 부하를 잘 보살펴 준 일이 있는가? 신입 사원은 극도로 예민해 있기 때문에 보통 이상으로 과민반응을 보이며, 잘못을 저지르기 쉽다고 동정해 본 적이 있는가.

명문 대학을 졸업한 취업 준비생들을 대상으로 최근, '처음 직장에서 무엇을 가장 바라는가' 하는 것을 조사했다. 친절하게 지도해 주는 곳에서 기분 좋게 일을 시작하고 싶다는 것이 압도적인 대답이었다. 그들은 고용주로부터는 물론, 동료들의 친절한 지도도 바라고 있었다.

어느 성공한 실업가가, 언젠가 그의 맨 처음의 일에 대해 이야기한 일이 있다.

우리 가족은 오랫동안 시골에서 살고 있었다. 가족은 가난했지만 내가 훌륭하게 공부를 끝마칠 수 있도록 뒷받침해 주었다. 그러므로 내가 고향의 보험회사에 취직했을 때에는 금의환향의 기분이어야 할 터인데 사실은 그렇지 못했다.

나는 외로움에 시달렸고, 고향과 일에 대해 열등감을 느끼고 있었다. 내가 아침 일찍 일하러 나설 때, 거리거리는 무관심하여 의지하기 어려운 것으로 생각되었다. 고향이었지만 아무도 나에게 주의하지 않았다. 어느 누구도 자신의 일만으로 머리가 꽉 차 있는 것처럼 생각되었다.

근무처인 큰 사무실에 들어가도 나에게 말을 걸어 주는 사람은 아무도 없었다. 부지배인이 내 책상 곁에 와서, 주임에게 한 손을 쳐들어 보이고 여비서에게 웃음을 던졌다. 그러자 여비서가 웃음으로 인사를 되돌려 주자 그는 기분이 좋은 것 같았다.

그러나 나를 거들떠보지도 않았다. 고급 양복칼라에 꽃을 달고, 그가 그곳에 서 있는 모습은 세계에서 제일가는 세력가로 보였다. 많은 서류를 훑어보면서 막힘없이 보험서를 처리하고 다니는 그는 마치 하나님처럼 보이기도 했다.

나는 총지배인을 좀처럼 바라보지 못했다. 총지배인은 호화로운 별실에서 황제처럼 앉아 있었다. 물론 나는 그런 높은 사람에게 나를 봐주기를 바라지는 않았다. 다만 동료들이 나 같은 풋내기에게 조금만 더 친절히 대해 주었으면 하고 바랄 따름이었다.

그들은 그렇게 하지도 않았지만, 그렇다고 심하게 잔소리도 하지 않았다. "여어" 하고는 그것으로 그만이다. 아무도 나에게는 아는 체하지 않았다. 서투르고, 전혀 상상도 할 수 없을 만큼 일이 많아도, 아무도 자진해서 도와주려고 하지 않았거니와 설명도 하지 않았다. 또 한편 그곳에서 일하는 거리의 한 불량배는 내 코트가 짧아 원숭이의 재킷 같다고 놀려 댔다.

내 눈에는 젊은 사원들은 누구나 매우 스마트하고 머리가 좋은 것같이 보였다. 그들 자신도 틀림없이 그렇게 생각하고 우쭐대었을 것이다. 이를테면 'FWM-19259947' 이라고 수많은 보험 계약자의 이름을 말하며 증서를 파일에서 뽑기도 하고, 또는 그 계약을 정리하여 넣어 둔 경우에도 정확하게 그 장소를 기억하고 있어 눈 깜짝할 사이에 꺼내곤 하였다.

그렇지만 나중에야 나는 그런 일이 대수롭지 않다는 것을 알았다. 석 달도 채 못 되어 나도 그렇게 할 수 있게 된 것이다. 보통 머리만 가진 사람이라면 누구나 할 수 있는 일이었다. 이러한 스마트한 사원은 그렇게 잘난 체할 필요도 없었던 것이다.

나는 그 사무실에서 여섯 달 동안 일했다. 나의 오늘날이 있게 해 준 것은 이 괴로운 경험 덕택이다. 이 경험이 나에게 가르쳐 준 것은 새로 온 풋내기를 일에 익숙하도록 하는 일은 전부터 거기서 일하던 사람들의 의무라는 것이다.

내가 있는 직장에 '조지 아저씨' 라고 불리던 늙은 남자가 있었다. 그는 큰 사무실 맨 끝 책상에 자리 잡고 있었는데, 자신의 껍질 속에 틀어박혀 다만 사람들과는 일절 교제가 없었으며, 누가 말을 걸지 않는 한 한마디도

하지 않았다. 아무도 그에게 주의를 기울이지 않았다. 그는 관절염을 앓는지 아무튼 다리의 상태가 좋지 않았다. 다른 사람들이 하는 말로는 아무런 일도 하지 않는다는 것이었다. 그는 책상 서랍에서 파일을 꺼내어 놓고 하루 종일 멍하니 앉아 있었다.

언젠가 우연히 이 늙은 신사의 일이 화제에 올랐다. 그는 매우 색다른 인물로서, 어느샌가 젊은 사람들의 주의를 끌고 있었다. 그래서 나는 생각을 고쳤다. 그렇게 하니 그에 대한 소문은 잘못 되어 있으며, 그는 회사 규정이나 계약 사항에 정통하고 있을 뿐 아니라 사무원 개개인의 특징을 매우 잘 알고 있는 성실한 사람임을 알게 되었다. 그는 아무 말 없이 일하고 있지만, 우리는 자신도 모르는 사이에 그로부터 배우고 있었다.

사인이 없는 증서를 제출했든가 하여 우리는 상사에게 괴로움을 끼친 일이 있었다. 상사는 우리를 호되게 나무라고, 미처 변명할 겨를도 없이 저쪽으로 가 버리고 말았다. 그러나 마침 운 좋게 조지 아저씨가 그때의 사정을 잘 알고 있어 우리들의 실수가 아니었음을 알았기 때문에, 그는 다리를 절며 상사의 뒤를 쫓아가 설명해 주었다. 그래서 상사는 되돌아와서 우리에게 사과하고 갔다.

벌써 여러 번 이야기한 일이지만, 사람이란 실제로 반드시 보답을 하는 법이다. 조지 아저씨에 대한 평가를 다시 한 것뿐인데, 그는 보다 많은 보답을 우리에게 해 주었던 것이다.

어떤 사람은 말한다. "다른 사람에게 배우고, 자기의 결점을 인정하여 다른 사람의 충고에 귀를 기울이는 것은 아주 좋은 일입니다." 이렇게 실천해야 비로소 다른 사람의 신용을 얻게 된다. 이것은 프랭클린의 격언인 '사람을 믿어야만 자신도 사람에게 믿게 된다는 사실을 빨리 깨달아야 한다' 라는 말로 요약된다.

가게나 사무실이나 대부분의 직장에는 대개 한 사람이나 두 사람쯤 사귀기 힘든 사람이 있는 법이다. 이를테면 일에 열심히 아닌 사람들이거나 상사의 험구를 말하는 사람이나 무심코 한 말을 모욕받은 것으로 오해하여 곧 화를 내는 사람, 또는 다른 사람이 해낸 일을 자신의 공(功)인 것처럼 말하는 사람 등등. 이럴 때 어떻게 그들을 대하면 가장 좋은가? 그 실제적인 방법을 생각해 보자.

늘 싸움이나 말다툼을 하는 사람이 출세가 빠르지 못하다는 것은 사실이다. 상사가 바보가 아니라면 사실 사건의 본질을 잘 알고 있으며, 누가 옳고 골칫거리를 일으키는 것은 누구인지 훤히 알고 있다.

어떤 사람이 부당하게 냉대받고 있을 때 다른 사람들은 그 대우가 당연하다고 생각하기 쉽다. 그리고 별로 그를 도우려고 하지 않는다. 한참 동안은 그것이 이상하게 기쁠 수도 있지만 긴 안목으로 보았을 경우 그것이 이익이 되겠는가. 한창 논쟁하고 있을 때에는 대부분 도대체 누가 나쁜지 분명하게 알 수 없는 법이다.

가장 좋은 방법은 골칫거리를 만드는 사람으로부터 멀리 떨어져 있는 일이다. 그러한 사람의 일에 관계하지 말고 자신의 일에만 부지런히 힘쓰라. 그렇게 하면 그 사건에 휘말려 이러쿵저러쿵 말 듣는 일이 없을 것이다.

이미 다른 장에서 말했듯이, 성공한 사람은 마음에 맞지 않는 사람이 있을 때에는 그가 마음에 들어할 만한 일을 찾아내어 기회 있을 때마다 실행해 오고 있다. 만약 그가 인복(人福) 있는 사람이어서 그런 일을 아무런 저항도 느끼지 않고 실행할 수 있다면 훌륭한 일이다.

그러나 아무리 노력해 보아도 도저히 함께 일을 계속해 갈 수 없을 것 같은 사람도 때로 있는 것이 사실이다. 이런 일이 원인이 되어 신경쇠약에 걸리거나 병이 되는 사람도 있다. 그런 사람들에게 그 원인에 대해 물으면, 질문을 받는 사람은 입을 모아 다른 부서로 옮겨 가서 처음부터 다시 시작하는 편이 좋다고 대답한다.

사람은 직장이건 가정이건 사회생활에서건 같은 사람임에 틀림없다. 그리고 무슨 일이거나 그 자리에 있던 사람들과 아무런 관계도 없는 일을 말하더라도, 조금이라도 모욕받은 것처럼 느끼면 보복을 한다. 또 그 보복에 대해 보복이 되풀이되어 끝없이 불필요한 싸움의 원인이 되는 것이다. 다음과 같은 일은 그 좋은 예이다.

백화점 휴식 시간, 판매원 사이에 영화 이야기가 시작됐다. 클라크 케이블이 화제에 올랐다.

“그는 정말 멋졌어.”

그녀가 말하자 남자가 시큰둥했다.

“귀가 아주 보기 흉한 모양이건만…….”

남자는 코웃음 치며 때마침 이야기에 끼어든 다른 남자에게 동의를 구했다.

“원, 시시하군. 조, 자네는 어떻게 생각하나?”

“케이블은 할리우드에서 으뜸가는 추남(醜男)이야.”

조는 대답했다.

이 이야기는 정말 보잘것없는 하찮은 일이다. 그러나 하찮은 이 문제가 원인이 되어 여자 판매원의 마음에는 불쾌한 느낌이 남아, 그녀의 의견을 비웃은 두 남자를 싫어하게 되었다.

이런 일이 있은 지 3년이 지나 마음을 썩이던 그 여자가 추억의 이야기를 하지 않았다면, 굳이 이런 작은 화제를 여기에 들고 나오지 않았을 것이다.

직장에서 일하는 사람은 모든 사람과 같은 인간이다. 그들에 대한 태도는 처음에 잘 사귈 수 있는가 어떤가에 달려 있다.

다른 사람의 입장에서 생각하고, 이야기하고, 행동하라.

제3장 요약

성공과 실패, 동료의 협조에 달려 있다

(1) 직장을 떠나는 사람의 80% 이상은 그 사람의 인간관계가 나쁘기 때문이다.

(2) 동료들의 당신에 대한 평가 여하로 당신은 성공도 하고 실패도 한다.

(3) 상사인 체하는 태도를 취하지 말라. 만약 감독자가 되고 싶다면 그 첫째 자격은 동료와 사이좋게 일해 나갈 수 있는 능력이 있어야만 한다. 왜냐하면 감독자는 다른 사람들이 어떻게 일해 주느냐에 따라 성과를 올리기 때문이다.

(4) 친밀한 태도로 신참 후배들을 지도하라.

(5) 오래 한 자리에서 일하는 사람의 중요성을 알라. 그들에게 배우는 바가 큰 것이다.

(6) 자신의 업무에 있는 힘을 다하라. 그리고 정해진 업무에서 약간 넘는 정도 일하면 주변의 신뢰까지 얻을 수 있다.

4. 상사의 신임을 얻는 방법

면접 때 시험관이 응시자에게 바라는 것

높은 사람인 듯한 사람이 책상 위에 떠억 앉아 있고, 그 앞에 당신이나 내가 겁먹은 얼굴로 앉아 있다. 이것은 취직 시험 때의 면접 광경이다.

저 높은 사람은 대체 무엇을 생각하고 있는가? 이런 질문을 하여 그는 어쩌겠다는 것인가? 그의 주된 목적은 무엇일까? 무엇을 기준으로 채용 여부를 정하고 있는가?

그렇다. 첫째로 그는 여느 때엔 자신을 높은 사람이라고 전혀 생각하고 있지 않다. 오늘 일도 그는 그에게 일을 시키고 있는 상사의 명령에 따라 하는 것이다. 그는 면접과 같은 일을 명령하고 있는 상사에게 언제나 짓눌려서 일하고 있는 것처럼 느끼고 있다. 이 책임감이 신입 사원을 채용하고, 또는 사원에게 일을 시킬 때의 그의 주된 관심사인 것이다.

그러므로 그의 마음속에 있는 질문의 중심은 이런 것이다.

'이 지원자는, 이 젊은 사나이는, 또는 이 아가씨는 내 일을 어느 정도 도울 수 있겠는가?', '이 지원자는 어느 정도 내 일을 감당할 수 있겠는가?'

그가 응시자에게 전의 경험을 묻는 경우, 그가 생각하고 있는 것은 이 사람을 어엿한 한 사람 몫으로 키우는 데 얼마나 고생을 하겠는가 하는 것이다. 이 사람은 일을 빨리 익히겠는가, 융통성은 있는가, 창의성은 어떤가 등등이다.

전에 있던 직장의 일이며, 몇 군데쯤이나 이제까지 직장을 바꾸었으며, 얼마 동안쯤 일했는가 따위를 그가 묻는 경우, 그가 알고 싶은 것은 이 사람은 직장 사람들과 잘 어울려 일할 수 있는가, 늘 불평을 일삼거나 말썽을 일으키지는 않을까 하는 일이다. 그는 '이 사람이 쓸모가 있을지 어떨지' 하는 관점에서 아무리 작은 응시자의 동작에도 주의하여 회사 안의 분위기에 잘 어울릴 수 있겠는가 어떤가, 고객에 대해 책임감 있는 마음을 갖겠는가 어떤가 하는 것을 조심스레 살피는 것이다.

응시자와 면접할 때, 관리자의 중요한 관심사는 다음과 같은 것이다.

(1) 일할 능력이 있는가?

(2) 기분 좋게 일할 사람인가?

(3) 동료들과 사이좋게 일할 수 있는 사람인가?

인사(人事)를 결정한 뒤, 신입 사원은 다음과 같은 일을 의문으로 생각할 것이다. '가장 어려운 업무를 동료는 언제 생각해 줄 것인가?', '그 사람은 어떤 사람일까?' 하고.

여느 상식인이라면 일을 가르쳐 준 것을 고맙게 생각하고, 그 사례로 그 사람에게 도움이 되는 일을 뭐든지 하고 싶어 할 것이다. 그도 교제를 기분 좋게 만드는 다음과 같은 기본적인 공식에는 동의할 것이다. '상대를 위해 생각하고, 말하고, 행동하라' 이다. 이에 특히 덧붙이고 싶은 것은, '상대가 겪고 있는 곤란을 도와주도록 하라' 는 공식이다.

경영자에게는 심부름꾼이 아니라 조언자가 필요하다

면접을 통과한 신입사원이라면 경영자의 일에 대해 생각해 보고, 그의 주된 관심사가 무엇인지를 생각해 보자.

소수의 사람들은 경영자를 차디찬 사람이라고 생각하고 있다. 그가 진종일 밤낮으로 일을 시키려는 것처럼 생각하고, 많은 사람이 그를 원망하고 있다. 그래서 그렇게 생각하고 있는 사람도 불행하며 경영자 또한 그렇게 여겨지고 있으므로 불행하다. 그러나 경영자를 원망하고 있는 사람들은 그 불행을 깨닫지 못한다. 그들은 경영자의 일을 올바르게 생각하고 있지 않다.

대회사의 경영자에 대해 공평한 관찰을 한 결과, 경영자가 어떠한 사람이며, 무엇을 생각하고, 무엇을 하려고 하는지, 그리고 어떻게 하면 경영자들과 잘 어울려 일해 나갈 수 있을 것인가를 알게 되었다. 그 결과는 다음과 같다.

첫째로, 경영자도 사람이라는 것. 모든 인간에게 갖추어지는 기본적인 성격이 그에게도 있다. 그는 자기 자신의 문제, 책임감, 가정, 취미 따위에 흥미를 기울이고 있는 그 자신의 왕국에서 임금님인 것이다. 그의 인간적인 욕망은 여느 사람들의 마음에 있는 것과 다름이 없다. 살아남는다는 것이 그의 첫째 신조(信條)이다. 그러니까 최대의 관심사는 그와 가족이 먹는 것, 사는 것, 몸의 안전인 것이다.

게다가 다른 사람에게 인정을 받는 일이며-그의 선량한 성격, 사업 등등 다시 말해서 이제까지 말한 모든 것을 다른 사람으로부터 평가받는 일에 관심을 두고 있다.

두 번째 결과, 경영자는 주로 두 가지 면에서, 종업원과 구별된 계급이다.

첫째로 구분되는 점은, 경영자는 모든 종업원보다도 일반적으로 말해서 좀 더 자발적이고, 또한 책임감이 강하다. 이 두 가지 성격은 그들에게 공통되어 있다. 한편 마치 우리가 서로 다르듯이, 경영자 그들도 한 사람 한 사람 저마다의 개성을 가지고 있다. 그러나 그들이 부하에게 바라는 성격은 두 가지 공통점에서 같다. 즉 책임감과 신뢰성이다.

두 번째 구분되는 점은, 명령을 받지 않더라도 얼마든지 일거리를 시원시원하게 처리해 가는 자발적인 성격이다. 경영자는 어떤 일이건 책임을 지고 있다. 그러므로 그들이 종업원에게 요구하는 것은, 이런 일을 함에 있어서의 실제적인 좋은 조력자(助力者)이다. 그들에게는 조력자가 필요하다. 왜냐하면 만약 그들이 실패하면, 능력 있는 다른 경쟁자에게 자신의 자리를 빼앗기기 때문이다.

만약 상사에게 인정을 받고 싶다면, 그가 골치를 앓고 있는 일들을 생각하고, 그가 해 보고 싶어 하는 일을 이해하도록 노력하며, 그를 위해 힘을 다해 도와줘라. 이것은 상사에게 인정받으려는 아랫사람이라면 첫째로 유의해야 할 일이며, 또 변함없는 진리이기도 하다. 사려 깊은 실업가는 이렇게 말하고 있다.

종업원들은 3가지 유형으로 구별할 수 있다. 첫째로 자질구레하게 명령받은 일만을 하는 타입의 사람이다. 관리자는 이 타입의 사람들이 하는 일은 일일이 훑어보아야만 한다. 이런 사람들은 가장 낮은 계급에 속한다. 그들이 관리자에게 있어 무거운 짐이며, 눈을 뗄 수 없는 존재인 것이다. 그들은 감원(減員)할 필요가 생길 때에는 맨 첫 번째의 대상자가 된다.

둘째로는 해야 할 일과 그 하는 방법을 상세하게 설명해 주면 어김없이 잘하지만, 그 이상의 것은 하지 않는 사람이다. 그들은 일을 더 하려고 하지 않으며, 다음에 명령받게 될 일을 기다리는 타입이다.

셋째로는 주어진 일을 모두 다 해치우고도, 자기의 일에 필요할 다른 분야에 흥미를 갖는 사람이다. 이러한 사람은 스스로를 관리할 수 있는 그다지 흔하지 않는 사람이며, 게다가 다른 사람들을 관리할 수 있는 능력도 가지고 있는 것이다. 모든 관리자는 이런 종류의 사람 중에서 발탁된다.

관리자의 무거운 짐을 함께 운반해 준다든가, 그의 걱정거리에 대한 의논 상대가 되어 줄 만한 조력자만큼이나 관리자의 주의력을 끌어당기는 사람들도 또 없다. 마침 지금 말한 사람을 그대로 실행하고 있는 조력자를 이따금 보는데, 그들은 그런 이유 때문에 그 이상의 보수를 받고 있다.

벌써 20년이나 전의 일인데, 관리자의 조력자로서 일하던 오브라이언이라는 사람은 중역에서부터 마침내는 큰 회사 사장에까지 출세했다. 어떻게 상사가 오브라이언을 인정하여 기업의 중요한 지위까지 주게 되었는가. 또한 그처럼 신용을 얻기 위해 오브라이언은 무엇을 했는가.

오브라이언은 기술적으로 숙련되어 있다거나 교양이 깊다거나 머리가 남보다 두드러지게 좋다거나, 이른바 개성이라고 할 만한 것 때문에 출세한 것은 아니다. 그는 매우 끈질기고, 특히 사람을 잘 다루는 요령을 알고 있다. 게다가 그는 끊임없이 상사의 무거운 짐을 함께 짊어져 주었으며, 상사의 걱정거리를 함께 의논하기에 애썼던 것이다.

오브라이언이 의논 상대가 된다고 생각되는 일이 있을 때에는, 상사는 서슴지 않고 그를 찾아갔다.

"옥스퍼드 계획은 아무래도 어렵겠는데……."

계획의 곤란성을 이야기하면서 상사는 오브라이언에게 물었다.

"자네는 이것이 해결될 수 있다고 생각하는가?"

"저에게 맡겨 주십시오."

이것이 오브라이언 특유의 대답이다.

"곧 일을 시작하겠습니다. 다음 주 목요일에는 결과를 보고드리겠습니다."

'저에게 맡겨 주십시오'라는 이 말이 상사를 얼마나 기쁘고 믿음직스럽게 해 주는지 모른다.

그러한 곤란한 일을 떠맡을 때마다 오브라이언은 어떻게 이 문제를 해결하는가 하는 구체적 방향조차 없었다. 그리고 그가 언제나 문제를 다 해결했다고도 할 수 없다. 하지만 상사는 오랜 경험에서 다음과 같이 생각하는 것이다. '오브라이언이 해결해 주었다.' 또는 '그에게 이 말을 해 두면 마음이 놓이기 때문에 걱정거리를, 적어도 일시적이나마 잊을 수가 있다'라고.

오브라이언은 이런 종류의 일 처리에 있어 천재였다. 그는 일 속으로 뛰어들어 복잡하게 얽힌 귀찮은 일들을 척척 해결해 간다. 이 가운데서 가장 주목되는 것은 일을 해내는 데 사람을 잘 부리는 요령이다. 그는 자기의 일에 관한 조력자라면 누구나 신용했다. 오브라이언은 그와 함께 일하는 조력자들을 중하게 여겨 주도록 상사에게 권한다.

상사는 오브라이언이 하는 일에는 절대로 참견을 하지 않는다. 오브라이언이, "제게 맡겨 주십시오" 이렇게 말하는 것은 참견하지 말라는 것과 같은 의미로 받아들인다.

오브라이언이 목요일에 결과를 보고하겠노라고 했으면 그는 무슨 일이 있어도 반드시 목요일에 말한 대로 했다. 하루 뒤인 금요일까지 약속을 연기하는 것은 상사의 마음을 번거롭게 하여 걱정시킨다는 것을 잘 알고 있으며, 또 상사의 초조한 신경을 가라앉히는 일이 가장 중요하다는 것을 이 영리한 사나이는 잘 알고 있기 때문이었다.

관리자는 정확한 정보를 원한다

관리자에게 인정받는 또 다른 타입의 조력자는 언제나 정확한 정보를 제공하는 사람이다. 관리자는 부하가 제공하는 정보에 의해 판단하고, 결정하고, 행동에 옮긴다는 것을 잘 기억해 두라. 만약 그 정보가 잘못된 것이었다면, 관리자에게는 터무니없는 트러블을 일으키는 원인이 된다. 그렇게 되면 당연히 관리자는 잘못된 정보를 제공한 사람을 미워하게 되어, 그것의 정도가 심해지면 보고하는 사람의 지위가 위태롭게 된다.

정보가 정확한 것이어야 함은 인간관계에 있어서도 매우 중요한 일이다. 평소의 잡담에서는 대개 누구나 소문이 정말인지 거짓말인지를 별로 깊이 파고들어 알아보려고는 하지 않고 무심코 흘려보낸다. 확실하지 못한 소문이나 의심스러운 이야기는 관리자에게 이야기하지 않도록 하는 것이 좋다. 더구나 관리자가 어떤 소문을 알고 있거나 또는 믿을 수 없는 정보를 쥐고 있다고 생각되면, 관리자에게 그것은 단순한 헛소문이며 마음 쓸 만한 일이 못 된다는 것을 뚜렷하게 말하는 편이 좋다.

대규모 거래도 사람과 사람과의 상담(商談)으로부터 생겨난다. 다른 사람에게 신용이 있다는 것은 다른 사람과의 교제, 사업, 그 밖의 모든 인생에서 일어나는 일의 기반(基盤)이 되는 것이다.

당신은 상사가 얼마나 자신을 믿을 수 있는가를 알고 싶어 할 것이다. 상사들도 각자 여러 가지 타입이 있다. 따라서 그들 밑에서 일하려면, 자신의 태도를 그들 성격에 따라 바꾸어야 한다. 이를테면 어떤 상사는 매우 엄격한 성격이어서 너무 친숙한 것처럼 대하는 것을 싫어할지도 모르며, 또 다른 상사는 애칭(愛稱)으로 부르는 것을 기뻐하기도 한다.

그러나 마치 부자연스럽게, 억지인 것처럼 생각될 만큼 허물없이 관리자를 대하는 사람일수록 관리자와 친해질 수 없다는 점을 잘 기억해 두는 게 좋을 것이다. 만약에 칭찬을 받을 때마다 월급을 올려 달라고 말하는 부하가 있다면, 이후 상사는 부하가 일을 아주 잘하더라도 칭찬하지 않게 될 것이다. 만약 한가한 시간에 앓고 있는 친척을 병문안 가겠다는 부하가 있다면, 상사가 한 번은 허락해 줄지는 모르지만 이후 상사는 그 부하가 걸핏하면 친척들 병을 핑계 댈지 모르겠다는 생각이 들어 그러한 용건으로 외출하는 것을 허락하지 않게 될 것이다.

상사는 문제보다는 답을 원한다

상사들의 버릇 또한 저마다 모두 다르기 마련이다.

이른 아침, 그날 안으로 해야 할 일 가운데에서, 맨 처음의 하찮은 일 때문에 골치를 앓고 있는 동안은 언제나 마음이 초조하여 안절부절못하는 상사가 있었다. 만약 그때 그를 방해하는 일이라도 하게 되면 영락없이 호통을 쳤다. 비록 모르는 일이 있어서 그의 의견을 들어야만 하더라도 11시 전에는 참고 있는 편이 좋다. 그러나 그는 사귐성이 있고 성격이 소탈하여 부하의 괴로움을 해결해 주는 데 흥미를 갖고 있었다.

이와 같이 상사 개개인의 버릇을 잘 알아 그 사람의 버릇에 자신을 잘 맞추는 것이 인간관계의 성공 요령이다. 대부분의 관리자는 누구나 다 그렇듯이 자신의 이름이 팔리기를 좋아한다. 그들도 자신의 성과나 신변의 일이 칭찬받는 것을 기뻐한다. 그러나 이 칭찬하는 말이 누구든, 상사들은 그것이 진심에서 우러난 말이기를 바란다. '아첨하는 말은 화장수(化粧水)와도 같은 것이어서 냄새를 맡는 데는 좋지만 마셔서는 안 된다' 라고 하는 옛 속담을 상사들은 알고 있기 때문이다.

관리자는 그 자신의 일이 다른 어떠한 것으로 보이더라도 그는 그 일에 시간과 정력을 소중히 써야 한다는 강박관념을 갖고 있다. 그러므로 그는 자기 부하들의 울적해 있는 마음을 풀어 주느라고 시간과 정력을 빼앗기는 일을 가장 싫어하는 것이다.

동료 종업원에 대한 불만을 그들의 관리자에게 말하는 사람들은, 대개 관리자가 사태를 개선할 수 있는 일인가 하는 따위는 생각지도 않고 불만을 말한다. 대체 관리자에게 어떻게 해 주길 바라는가? 불만의 원인이 된 그 버릇없는 무례한 사람을 불러다 놓고 따귀를 때릴 수 있겠는가? 아니다. 그러한 일은 단순히 소동을 크게 만들고, 당사자인 본인의 성질을 비뚤어지게 만들 뿐이다.

내가 아는 한에서는 불평을 말하는 것은 단순히 울적한 심정을 풀고, 아마도 약간의 동정을 얻기 위한 것이라고 생각한다. 그러한 사람들은 정중하게 다루어 주는 것밖에는 모르는 나약한 성격의 사람들이라고 생각한다.

그들은 다른 사람들의 흥미의 관점에서도 문제를 생각해야 하며, 자신의 불평이 어떠한 의미를 가지고 있는가를 알아야만 한다. 흥분한 상사는 불만을 호소하는 부서와 그 원인을 제공한 부서도 불러내어, 만약 그들이 서로 협력하지 않으면 양쪽 다 곤란하게 된다고 설명하면서 각 부서장을 야단치기 쉽다.

참을성 있는 상사는, 불만을 억누르려고 한 시간 정도는 꾹 참아 볼 것이다. 여유가 없는 관리자는 어떻게든 변명을 늘어놓아 빠져나가려고 할 것이다. 그러나 어쨌든 상사는 그날 하루를 우울하게 지내며, 중요한 일에도 열의가 담기지 않아 결국 그는 틀림없이 그에게 주어진 필요 이상의 번거로움에 화를 낼 것이다. 심정이 편안치 못할 때에는 어떻게든 해소하고 싶어지는 법이다.

다른 불평가는 보통 종업원과 마찬가지로, 대개 관리하는 방법에 대해 불만을 말한다. 물론 때로는 그 불만이 옳을 때도 있다. 그러나 대다수는 어떤 일에 대해서도 매우 비관적인 태도를 취하는 개인의 성격에 의한 불평이다. 이것은 고객에 대한 불평으로 좀 더 뚜렷하게 들어맞는다. 우리는 고객의 요구를 잘 들어주어야만 한다. 고객이 있음으로 해서 되는 장사이기 때문이다.

오랜 경험을 한 관리자는 말한다.

"내 충고는, 만약 어떤 사람이 동료가 마음에 들지 않아 하는 일이 재미없다거나, 이유야 어떻든 간에 함께 일을 해 나갈 수 없다면, 그는 자신의 행복과 마음의 안정 때문에 소속된 부서를 떠나거나 직업을 바꾸어 다른 일을 찾아야 한다. 직원은 직장에서 가정에서의 시간과 다름없는 정도로 오랜 시간을 지낸다. 그들은 일에 기쁨을 갖고 있어야만 한다. 그들은 일에 공명(共鳴)하고 만족을 느껴야만 한다. 그러나 언제나 불만을 느끼고 있는 사람의 느낌으로 말하면, 일을 바꾸어도 기쁨을 느끼는 일은 절대로 없는 것이다."

일선에서 일을 하는 사람은 모두 같은 문제, 다시 말해서 동료들과 사귀어 가며 자신이 일하는 환경이나 정책에 자신을 순응시키는 일에 당면하고 있다. 과오(過誤)가 많은 이 인간관계에 이상적인 환경은 없다. 인간이 사는 한 다른 사람과 사귀어 가야만 하며, 그것 자체가 일과 인생의 변하지 않는 모순이다.

일반적으로 관리자의 시간과 정력을 허비하지 않도록 신경 쓰는 일선에서는, 관리자에게 해결하기를 강요하는 문제를 일으키지 않는 편이 좋다. 당면한 문제는 각자가 해결하도록 하고, 문제를 해결해 나가는 동안에 모든 각도에서 상식적으로 생각하여 하나하나 풀어 가도록 해야 한다.

어쨌든 상사는 고민스러운 문제를 좋아하지 않는다. 그가 좋아하는 것은 문제에 대한 실제적인 해답이다. 그도 마술 지팡이로 문제를 해결할 수는 없다. 그러므로 다음과 같은 법칙으로 말할 수 있을 것이다.

"상사에게 많은 문제를 내놓지 말라. 당면한 어려운 문제 하나하나에 저마다 적절한 해결책을 생각하여 상사에게 제안하라. 상사는 성과를 올리기 위해 사람을 고용하고 있다는 중대한 사실을 언제나 잊지 않기 때문이다."

상사는 변명보다는 성과를 원한다

상사는 실적이 오르는 데 흥미를 갖고 있는 것이지 부하의 변명에는 흥미가 없다. 아무리 그럴듯한 변명이라 할지라도 상사는 흥미를 갖지 않는다. 변명으로 성과를 얻을 수 없기 때문이다.

"나는 일을 해낼 수 있는 사람을 구한다."

대기업의 중역은 이렇게 말한다.

"일에 성공하지 못한 이유를 잘 말할 수 있는 사람이 아니라, 해낼 수 있는 사람을 구한다. 나도 해낸다는 것이 어렵다는 것은 알고 있지만, 그런 어려운 일이라도 성공하는 사람을 요구하는 것이다."

이 중역은 회사 활동의 모든 사정에 정통한 것을 아주 자랑스럽게 생각하고 있다. 대부분의 실행력 있는 사람과 마찬가지로 그 자신도 변명 같은 것은 하지 않는다.

그런데 중역이 사업의 모든 사태에 대처할 방법, 또는 채택해서는 안 되는 방법 따위에 대해 질문할 때, 사원들은 변명을 하고 싶어 한다. 그래서 그의 방에 불려 간 사원들은 대부분 안색이 변해서 나온다는 것은 당연한 이야기가 되어 있다. 사원들을 개인적으로 모욕을 주려고 잔소리를 하는 것이 아니라 그 중역도 모든 다른 솜씨가 뛰어난 매니저와 마찬가지로 실적에만 흥미를 갖고 있기 때문이다.

물론 훌륭한 경영자일지라도 '네, 네' 하고 따르는 자는 그다지 좋아하지 않는다. 자신이 잘못했을 때, 그것을 바르게 지적해 주는 부하를 칭찬한다. 더욱이 자신이 잘못한 부분을 빈틈없이 처리하는 사람을 존경한다. 그러한 부하가 상사의 허영을 위해 아부하는 것보다도 고객이나 동료와 어울려 일을 잘해 나가고, 사람을 효과적으로 다룰 수 있는 능력을 갖고 있다는 것을 알기 때문이다.

경영자는, 과나 부의 책임 있는 사람으로서 자신과 같은 견해를 가지고 있고, 자신이 일하는 방법으로 함께 일할 수 있는 사람을 바라고 있다.

상사 앞에서 설명하거나 변명하는 데 말을 재잘거리는 것을 잘하지 못한다 하여 열등감을 느낄 필요는 없다. 변명하는 재능이 있는 것은 오히려 해로울 때가 있다. 솜씨 좋게 변명하는 것을 한 번이나 두세 번쯤 성공을 한다 해도 상사에게 곧 알려지게 되며, 실제로 상사는 변명만 하고 실적을 올리지 못하는 종업원에게 넌더리를 낼 것이다.

기업의 장래 운명, 다시 말해서 상사와 종업원의 업무는 고객의 만족도에 평가되고 의존되고 있다는 것을 상사도 잘 알고 있다. 고객이 만족하고 있다면 상사와 종업원 사이도 틀림없이 잘되어 가고 있는 것이다.

제4장 요약

상사의 신임을 얻는 방법

(1) 상사는 일의 결과에 대해 책임을 진다. 그가 성과를 올리지 못하면 일자리를 잃게 된다.

(2) 그러므로 상사가 바라는 가장 중요한 것은 자신의 일을 해내는 데 필요한 부하이다.

(3) 상사는 시키지 않아도 자발적으로 일하는 사람을 좋아한다.

(4) 상사 앞에서, 동료의 험담을 하지 않도록 한다.

(5) 상사에게 문제를 안기지 말라. 해결책을 제시하라.

(6) 상사가 변명이나 이유를 듣지 않는 것은 그 상사의 상사가 이유를 듣지 않기 때문이다. 기업에서 일하는 사람은 위에서 아래까지 모두 성과를 올려야만 한다.

(7) '네', '네' 라고만 하는 사람이 되지 않는다. 그러나 상사의 업무 주안점과 처리 방법을 알아내어, 그대로 업무를 처리하라.

(8) 상사에게 시간과 정력을 소비하지 않게 하라. 그것이 상사가 가장 곤란해하는 일이다.

(9) 고객을 기쁘게 해 주라. 상사도 이 일을 가장 기뻐한다.

5. 신참 관리자 실전 테크닉 A-Z

우수 직원에서 관리자로 승진

뚱뚱한 남자가 차를 자동차 수리점으로 몰고 오더니, 소탈하게 손님을 응대하고 있는 벤 쪽으로 가까이 다가갔다. 벤은 뚱뚱한 남자를 흘낏 보고 말했다.

"크라우슨 씨. 잠깐만 기다려 주십시오."

이렇게 말한 다음, 벤은 손님에게 말했다.

"고맙습니다. 안녕히 가십시오."

손님을 보내 놓고 난 다음, 손을 씻고 와서 이 지역의 감독인 크라우슨 씨와 악수를 했다. 크라우슨 씨는 빙그레 미소를 띠며 말했다.

"벤, 아주 잘하는군."

그리고 계속해서 말했다.

"좋은 소식을 가져왔네. 포스와 메이페어의 영업점 매니저 일을 어떻게 생각하나? 자네가 할 수 있을 것 같은가?"

이 말을 듣자 벤은 얼굴을 빛내며 서슴지 않고 대답했다.

"할 수 있습니다. 그래, 언제 출발하면 됩니까?"

"나도 자네라면 할 수 있으리라고 생각했네."

크라우스 씨가 말했다.

"자네는 거기서 지배인일세. 서류 업무까지도 모두 통틀어 영업점 일이라면 뭐든지 자네는 알고 있네. 경험도 있고 정직해서 믿을 수도 있지. 추천하는 가장 큰 이유는 무엇보다도 자네가 책임감이 있다는 것일세."

"크라우스 씨, 정말 고맙습니다. 열심히 해 보겠습니다. 그런데 언제 출발할까요?"

"만약 자네만 괜찮다면 월요일이 좋겠네."

크라우스 씨는 이렇게 말한 뒤 다음과 같은 당부를 했다.

"이제부터 자네는 이전까지와는 다른 사람이 되어야 하네. 조수가 아니라 지배인일세. 자네는 이제 큰 영업 지점의 모든 일을 맡아서 다 처리해 나가는 걸세. 14명의 종업원이 거기서 일하고 있네. 여기보다도 큰일이지. 내가 자네에게 해 줄 수 있는 일은 추천 말고는 더 없다네. 그것은 다시 말해서 상사의 명령으로 나도 다른 곳으로 떠나기 때문일세. 자네가 맡은 바 일에 최선을 다해 주기 바라네.

그런데 한 가지 자네에게 묻고 싶은 것이 있네. 자네의 의견으로는 상사로서 해야 할 일 가운데 가장 중요한 것은 뭐라고 생각하나?"

벤은 망설이지 않고 선뜻 대답했다.

"직원들에게 솔선수범을 보이는 일입니다."

크라우슨 씨는 고개를 끄덕이며 말했다.

"잘 가게. 이제 곧 거기서는 생각지도 않은 여러 가지 일이 발생할 걸세. 그러나 지금 자네가 말한 것보다 더 중요한 일은 없네. 위로는 사장으로부터 아래로는 직원들에 이르기까지 그들 앞에서 중간 관리자로서 솔선수범을 보여야 한다는 말이네."

"최선을 다하겠습니다. 믿어 주십시오."

벤은 굳게 약속했다.

"좋아, 벤."

헤어지면서 크라우슨 씨는 마지막으로 말했다.

"오래지 않아 다시 만날 수 있을 걸세. 잘하게."

그날 오후 늦게 집으로 돌아오면서 벤의 마음은 새로운 일에 대한 생각으로 가슴이 꽉 찼다.

'맨 먼저 그곳의 기존 직원들과 융화하는 일을 최우선으로 삼겠다.'

그는 혼잣말로 중얼거렸다. 그는 호주머니에서 수첩을 꺼내 다음의 글을 써 넣었다.

'솔선수범을 보일 것!'

관리자란 부하를 일하게 하여 실적을 올리는 사람

벤이 임지(任地)로 간 지 며칠 뒤 크라우슨 씨가 포스와 메이페어에 들렀다. 벤은 부지런히 바쁘게 일하고 있었다. 그는 새로 채용한 사원에게 일을 가르쳐 주고, 때로는 고객의 질문에 대답도 하면서 차를 수리하고 있었다. 그 일하는 모습은 꽤 노련해 보였지만, 어딘가 부족한 점이 있는 것처럼 보였다.

크라우스 씨는 영업점을 돌아보고, 보고서를 훑어보고, 세차장이며 그 부근을 돌아다녀 보았다. 벤이 가까이 왔을 때 크라우스 씨가 물었다.

"일은 어떤가?"

벤은 조금 씁쓸하게 웃었다.

"퍽 잘된다고는 할 수 없습니다."

그는 솔직하게 대답했다. 그러자 크라우스 씨가 말했다.

"주의는 해 두었네만, 내가 들어왔을 때 두 사나이가 작업장에서 담배를 피우고 있더군. 윈도는 별로 깨끗하지 않고 세차장뿐만 아니라 다른 곳도 더러웠네. 벤, 자네도 알고 있는 것처럼, 첫째는 청결일세. 어제의 영업 보고도 아직 되어 있지 않은 모양이더군. 자금은 어떻게 하고 있나? 은행에 맡기는가?"

"솔직하게 말씀드려서 이렇게 정신없이 일해 본 적은 이제까지 없었습니다. 크라우스 씨, 당신께서 말씀하신 대로 저는 솔선수범하려고 무척 애쓰고 있습니다. 지난 주일 당신과 이야기한 뒤 그것을 이 노트에 써 넣었을 정도입니다. 그러나 여기서는 자기들끼리만 잘 돌아가고 있어 솔선수범의 습관을 만들 수 없을 것 같습니다."

"처음에는 힘드는 일이지. 뭐든 도울 만한 일은 없나, 벤? 자네는 자네가 생각하는 좋은 습관을 여기에 적용시키려고 너무 집착하고 있는 게 아닐까? 분명히 그것은 중요한 일이지. 그러나 비록 자네가 누구보다도 모든 일을 잘 알고 있고, 일을 빠르게 처리한다 하더라도 자네 혼자 모든 일을 할 수는 없는 걸세. 이곳 사람들의 작업 태도는 어떤가?"

“이름을 들어 말하고 싶지는 않지만, 그리고 남의 흠을 들추어 욕하고 싶지는 않으나, 생각대로 움직여 주지 않습니다. 몇몇 사람이 게으름을 피우는 것 같습니다.”

벤은 대답했다. 그러자 크라우슨 씨가 다시 말했다.

“그런데 자네는 회사의 지점 지배인일세. 관리자라고 하는 편이 좋을지도 모르겠군. 그러니 자네 일의 태반이 다른 사람들의 일을 관리한다는 것을 자네가 깨달아야만 하네.

관리자란 언제나 일을 입안(立案)하고 계획하고 할당하며, 그 일의 진행, 다시 말해서 가장 중요한 일을 맨 첫 번째로 하고 있는가에 마음을 써야 한다네. 관리자는 사업의 전 분야를 파악해 두어야 하지. 그는 또 언제 일어날지도 모르는 긴급한 때에 대비하여 실제로 해야 할 일보다 좀 더 많은 일을 해두어야만 하네.

그러나 관리자로서 가장 책임 있는 일은 사람을 잘 관리하는 일일세. 그런데 직원들은 스스로 알아서 일할 생각을 안 한다네. 그들은 자네가 어떤 사람이며, 자네 밑에서 어느 정도 일하면 되는가를 알려고 할 걸세. 어떤 사람은 실제로 그것을 시험하고 있는지도 모르네. 자네는 자네를 위해, 회사를 위해, 나아가서는 그들을 위해서도 그들을 태만하게 놓아두어서는 안 되네. 지배인이 되게. 관리자는 부하를 일하게 하는 것이 일일세. 그것을 또 하나 자네의 수첩에 써 넣게나.”

벤은 크라우슨 씨의 말대로 써 넣었다.

‘감독자는 부하를 일하게 하여 좋은 성과를 올리는 것이다!’

그리고 벤은 크라우슨 씨가 시찰하기 전, 미리 점검해 두기 위해 영업장을 주욱 한 바퀴 돌았다. 모든 것이 확실히 정돈되지 않았다. 크라우슨 씨는 눈에 띄는 것만을 보았는지도 모르는 일이었다. 종업원들은 피로한 데다가 배고팠는지, 교대 시간이 되어 점심식사를 하러 우르르 뛰어가는 것을 보자 벤은 그만 화가 났다.

얼마 뒤, 오후에 벤은 모두를 불러 모았다. 그는 종업원들 앞에서 이야기하는 도중 무심결에 "상사인 나를 어떻게 보고……"라는 말을 몇 번이나 되풀이했다.

그리고 그는 윌리엄을 지명하여 노부인 차의 창문을 닦는 것조차도 게을리 하고, 그녀가 무엇을 물어도 무뚝뚝하며, 대체로 일처리가 깔끔하지 못하다고 나무란 끝에 무례한 사람이라고 호통 쳤다. 또한 존슨은 금연 구역에서 담배를 피웠으며 번즈는 시간을 낭비했고, 게다가 점심식사 때 분명히 한 잔 걸치고 돌아왔다고 지적했다.

벤은 그 밖에도 여러 이름을 불러냈다. 그 가운데에는 일요일에 점검해야 할 크랭크케이스 속에 기름을 넣는 일을 잊어버려, 위험하고도 용서할 수 없는 실책을 저지른 바크도 포함되어 있었다.

그리고 마지막으로 벤은 흥분한 상태로 빌에게 빈정거리는 듯 말했다.

"그리고 빌, 자네는 조금도 도움이 되지 못해."

이렇게 말한 다음 그는 윗저고리를 입고 집으로 돌아갔다. 그는 속이 후련했다. 그는 사태를 개선하는 일을 확고하게 해냈다고 생각했다.

우수한 관리자는 직원을 스스로 일하게끔 만든다

그러나 이튿날 아침, 그가 사무실에 와 보니, 아무도 그에게 말을 걸려고 하지 않았다. 모두들 필요한 말 이외에는 하지 않고 맡은 바

일에 열중하는 것 같았다.

벤이 직접 이 사람 저 사람을 불러내어 명령을 내리고 총지휘를 하는데도, 일은 어제까지보다 더 나빠져 있는 것 같았다. 기분 나쁜 날이었다.

그날 저녁 벤은 크라우스 씨에게 전화로 약속 시간을 정한 다음, 그를 만나러 갔다. 벤은 그날 일어난 일들을 그에게 하소연했다.

"정말 낭패입니다. 하지만 저는 정말 열심히 일했습니다."

"알고 있네, 알고 있어."

크라우스 씨가 말했다.

"나도 그런 경험이 있고, 다른 관리자도 누구나 다 그런 경험을 해왔다네. 관리하는 일은 머리로 생각하는 것과는 전혀 다르다고 나는 처음에 자네에게 말했을 걸세. 자네는 지금에야 내가 한 말의 뜻을 알기 시작한 것일세. 낙담하지 말게, 벤. 자네는 모두가 기대하고 있는 인물일세. 자네는 지금 성공에 다가서고 있는 걸세.

그러나 자네는 너무 극단적인 것 같군. 우선 자네는 영업점의 종업원들이 자발적으로 일하게끔 노력해야 한다네. 그러고 나서 규율을 지키도록 만들게. 그들은 기계가 아닐세. 그들은 하루에 여러 가지 일을 할 수 있을 정도의 만능이 아니란 말일세. 어디까지나 그들은 사람이지. 그들을 온화하면서도 다정한 태도로 대하도록 하게.

자네는 그들을 관리하고, 지도하고, 훈련시키고, 또한 도움이 되어야 하는 걸세. 그렇게 하면 그들도 자네가 의도한 사람이 될 걸세.

번즈를 예로 들겠네. 번즈는 자네가 말했듯이, 어딘지 멍청하고 빈둥거릴 뿐 아니라 낮에도 술까지 마시네. 이 사실을 나도, 다른 사람도 모두 잘 알고 있지. 그는 가정에 걱정거리가 있는 걸세. 그의 아들은 소아마비로 보기 흉한 모습인 데다가 아내도 병들어 앓고 있다네.

그런데다 번즈는 나약한 성격이라네. 그러니까 그는 그 걱정거리를 조금이라도 잊으려고 술을 마시는 걸세. 언제 한 번 번즈를 불러 함께 이야기를 나누어 보게. 너무 그의 사생활을 노골적으로 건드리지 말고, 가능하다면 그가 스스로 이야기하도록 해 보게. 그를 격려하고, 용기를 불어넣어 주게. 그렇게 하면 그의 버릇도 틀림없이 끊을 수 있을 것이고, 그런 일이 다른 사람에게까지 좋은 결과를 가져다줄 걸세. 벤, 당장 해 보게. 그렇지만 핵심을 잘 잡게.

봄에는 여기서는 아무도 해고하지 않게 될 걸세. 해고되는 사람은 작업에 방해가 되는 행동을 일으키는 사람뿐일세. 우리는 글자 그대로 인적 투자에 큰 비용을 지출하고 있네. 보통 사람을 훈련시켜 기업에 도움이 되게 하려면 막대한 돈과 시간이 소요된다네. 한 사람의 직원을 잃을 때마다 기업으로서는 크나큰 손실을 받게 되는 걸세."

크라우슨 씨는 덧붙여 벤이 모르는 일을 처리하는 방법과 벤의 부하들의 성격을 이야기해 줬다. 그리고 마지막으로 빌에 대해 설명하려고 하니 벤이 말을 끊었다.

"아주 차디찬 사람입니다."

그리고 벤이 계속 말을 이었다.

"그는 최고참으로서 저를 돕고, 저와 행동을 함께 하여 일을 잘 진행시켜 가야 할 것 아닙니까?"

"빌의 입장이 되어 생각을 해 보게."

크라우슨 씨가 그 이유를 설명했다.

"그는 이 사무실의 지배인이 되는 것은 당연히 자기라고 생각했다네. 그런 만큼 그는 유능한 사람이라네. 나는 지배인을 자네로 하느냐, 그로 하느냐로 매우 망설였다네. 만약 그가 성격이 좋았으면 이번 지배인은 그가 되었을 걸세.

만약 자네의 입장이 그와 같으면 어떻겠는가 하고 잠깐만 생각해 보게. 다른 지점에서 온 사나이가 자신의 윗사람이 되어 자신을 무시하고, 마지막에는 모두가 보는 데서 모욕까지 하니……. 만약 자네가 빌이라면 화가 나지 않겠나? 빌은 자네보다도 이 사무소의 사정에는 밝네. 그는 단골손님을 확보하고 있는데, 이것은 특히 사업에는 중요한 일이라네. 자네가 그의 말에 귀를 기울이고 실행하도록 하게. 그를 의지하고 있고, 자네가 그를 중시하고 있다는 것을 알리게.

이것은 다른 직원을 대하는 데에도 적용되네. 그들에게 관심을 가지면, 그들도 자네에게 관심을 갖게 되네. 그들의 도움이 되게. 그렇게 하면 그들도 자네를 도울 걸세.

끝으로 벤, 훌륭한 관리자는 절대로 다른 사람이 보는 앞에서 직원을 나무라지 않는 법일세. 모든 사람이 보는 데서 한 사람을 나무라는 것은 모든 사람에게 불안감을 주고, 회사 전체 분위기도 안 좋아진다네. 불끈 화가 치밀어 오르는 때라도 그렇게 해서는 안 되네. 잘못하는 자를 바로잡아 주고, 보다 훌륭한 사람이 되기를 바란다 해도 그 바라는 것과는 정반대의 일이 되네.

부하의 일이나 태도에 주의주고 싶은 일이 있을 때에는 언제나 그를 밖으로 불러내어 남모르게 주의시키게. 그런데 주의를 주기 전 먼저 그의 변명을 들어 보게. 그러면 대개는 자네가 생각했던 것과는 다른 사정이 있었던 것을 알게 될 걸세. 전후사정을 파악한 뒤 주의를 주면, 주의를 들은 사람도 자네가 진심 어린 말을 하는 사람이라는 것을 알아차릴 테지.

자네가 그를 신용하고 있다는 것을 알게 하게. 이런 것을 모두 해야 비로소 자네는 그에 대해 서슴없이 올바른 말을 분명하게 할 수 있는 걸세.

요는 그가 주의받은 것들을 마음에 새기고, 고치려고 최선을 다하도록 도와주는 걸세. 그리고 자네 자신에 대해 말하면, 만약 실패한다면 주저하지 말고 곧 실패를 인정하는 걸세. 그것이 자신을 강하게 하는 한편, 자네가 자신감이 있다는 증거가 된다네.

이번 일은 벤, 자네의 작은 실패일세. 나는 그것을 탓하지 않겠네. 자네는 어쨌든 결국은 해낼 것으로 생각되니까. 자네도 알고 있듯이 나는 자네를 신뢰하고 있다네. 게다가 이 일에 자네를 선택한 것은 나였고, 그것을 나의 상사들도 알고 있는 터이므로, 자네의 성공은 나와도 이해관계가 있네.

그런데 나는 자네를 돕기는 하겠지만 자네 대신 일을 할 수는 없네. 나는 자네를 성공하게 할 수도 없고 실패시킬 수도 없네. 자네가 성공하느냐, 성공하지 못하느냐 하는 것은 어디까지나 자네가 자네의 부하를 어떻게 잘 부릴 줄 알고, 어떻게 그들을 함께 일할 수 있게 만드는가에 달려 있네. 내가 할 수 있는 것은 이런 이야기를 해서 자네를 돕는 일뿐일세.

자네는 부하들 사이에 있으면서, 자신의 운명을 헤쳐 나가야만 하는 걸세."

"잘 알겠습니다. 크라우스 씨. 지금부터 당장 말씀하신 대로 실행하겠습니다. 알기 쉽게 말씀해 주셔서 고맙습니다. 당신의 말씀대로 하면 틀림없이 성공할 수 있다고 생각합니다. 저는 수첩에 주의할 일들을 몇 가지 써 넣었습니다. 옳게 되었는지 보아 주십시오.

'각 직원을 개성 있는 존재로 대하라. 그가 중요한 인물이라는 것을 인식시켜 주어라!'

'명령보다는 제안하고 부탁하라!'

'꾸짖기 전에 까닭을 물어 보고 남모르게 주의를 주어라!'

이 밖에도 또 무엇이 있습니까?"

"윗사람이기보다 솔선수범하는 지도자가 되어라!"

크라우스 씨가 말하자 벤은 그대로 받아썼다.

사내 제안으로 변혁을 유도하라

이튿날 아침, 직장에 나가자 그는 즉시 종업원들 속으로 들어갔다.

"어제는 제가 주제도 모르게 건방지게 굴어서 참으로 잘못했습니다."

그는 계속해서 말을 이었다.

"내가 생각했던 대로 질서가 잡혀 있지 않아 직원들에게 분풀이를 한 것입니다. 직원들 이름을 지적해 가며 비난한 행동을 후회하고 있습니다. 특히 미안하게 느끼는 사람은 빌입니다. 말하고 싶은 것은, 빌은 이곳의 일에 대해서 저보다 훨씬 자세하게 잘 아니까 빌과 여러분들이 함께 힘을 모아 일을 잘 진행해 가고, 저를 이끌어 주길 바랍니다.

저는 일이 잘되도록 여러분들 누구와도 털어놓고 이야기할 수 있는 습관을 만들려고 생각합니다. 어떻게 하면 좋은 직장을 만들 수 있겠는가 하는 사원들의 제안을 저는 환영합니다. 저는 너무 성급한 바람에 실수했지만 지금부터는 제가 공정하며, 또 일을 잘하는 사람에게는 저도 힘을 아끼지 않고 돕는다는 것을 알아주게 되리라고 믿습니다.”

벤이 이렇게 말을 끝냈을 때, 한두 사람이 뒤에서 투덜거렸으나 나서서 따지는 사람은 아무도 없었다. 그날 작업 성적은 벤이 온 뒤로 가장 좋았다.

그날 오후, 벤은 빌과 이야기할 기회를 만들어 빌에게 무슨 좋은 제안(提案)이 없느냐고 물었다.

“조는 지금의 조(組)보다 오후의 조이던 때가 좋았어. 그를 교체해 주는 것이 좋을지도 모르겠군.”

벤은 빌의 제안을 당장 실행했다. 밤과 낮의 조를 다시 짠다는 것은 쉬운 일이 아니었다. 그는 여러 사람과 의논해야만 했다. 그는 빌의 도움을 얻어 모두 힘을 모아 조를 다시 짰다.

그러한 변혁(變革)이 있은 지 며칠이 지나자 작업 성적은 굉장히 올랐다. 벤은 사내 분위기가 상당히 좋아졌다고 생각했다. 빌을 부지배인으로 승진시키고, 빌과 벤은 좋은 친구가 되었다. 크라우슨 씨는 벤의 인내심과 그 원활한 일 처리와 직장 분위기를 개선시킨 수완을 칭찬했다.

어느 날 크라우슨 씨가 말했다.

“벤, 자네는 언젠가 전화로 나에게 이야기했던-한 번 우리를 버렸던 손님인데, 자네가 다시 단골로 만들었던 호바트라는 사람을 기억하고 있나? 1년에 1천 갤런 이상이나 되는 가솔린이며 기름이며 차의 정비며 그 밖의 것을 의뢰하는 단골이지. 그래, 맞네. 그 호바트 씨를 얼마 전에 만났는데, 그가 말하는 것을 들으니, 그를 몇 번이나 찾아와서 다시 한 번 단골손님이 되어 달라고 부탁한 사람은 자네네 영업점의 록우드라는 세일즈맨이었더군."

"그렇습니다. 크라우슨 씨. 제가 호바트 씨를 설득하기 위해 록우드를 보낸 것은, 록우드라면 호바트 씨를 설득하기에 충분한 인물이라고 전적으로 믿었기 때문입니다."

"그럴 테지. 자네가 그런 일로 나에게 전화 연락했을 때, 나는 '록우드로구나' 하고 직감했었네. 그런데 록우드 개인의 공이 아니라 자네 회사 전체의 공이라고 생각하고 싶네.

나는 자네 개인이 훌륭한 일을 하건 하지 않건, 또는 관리 방법에 대해서도 참견을 하고 싶지 않네. 자네는 여기의 성적을 올리기 위한 지배인일세. 우리가 관심을 갖는 것은 바로 관리자로서의 자네 실적일세. 관리자는 사람을 잘 부리는 것이 일이라는 것을 기억하고 있나? 만약 자네가 록우드의 일에 관해 교훈으로 삼을 것이 있다면 수첩에 무언가 써넣을 것은 없겠나?"

"네, '믿을 수 있는 자를 믿으라.' 이 말은 어떻습니까?"

"좋아."

크라우슨 씨는 말했다.

"이 일에 관해 자네가 해야 할 일은 없을까?"

벤은 록우드를 불러 오게 했다. 그리고 크라우슨 씨가 보는 앞에서 록우드를 칭찬했다.

"크라우슨 씨와 나는, 자네가 호바트 씨를 다시 모셔온 실적에 대해 지금 의논하던 참일세. 크라우슨 씨, 한 가지 더 알려드릴 일이 있습니다. 록우드는 이 일을 근무 시간에 한 것이 아니라, 자신의 개인 시간, 다시 말하면 근무가 끝난 다음 호바트 씨를 여러 번 찾아갔었습니다."

"참 훌륭했네. 록우드."

크라우스 씨는 록우드와 악수했다.

"벤, 돌아가기 전에 자네에게 이야기해 두고 싶은 일이 있네. 바로 요 얼마 전 다른 지역 사무소에서 일어난 일인데, 자네가 그렇게 한 것이라고는 생각하지 않지만 관리하는 데 참고가 될지도 모르겠다고 생각되어 이야기하는 걸세. 믿건 안 믿건, 그것은 자네의 자유겠지만, 이야기인즉 이렇다네.

어떤 사나이가 지배인에게 한 가지 제안을 했네. 모터의 새로운 안인지, 에어컴프레서에 대해 그가 생각해 낸 안인지 뭔지를 제안한 모양이야. 그랬더니 지배인이 대답하기를 '자네는 그런 일은 잊어버리게. 본사에는 비싼 급료를 받고, 그런 것만을 전문으로 생각하는 연구원이 여럿 있네. 그들은 자신들의 일을 자네가 대신 일해 주기를 바라지는 않네. 그런 생각일랑 아예 집어치우고, 자네는 자기가 할 일만 하면 되는 걸세' 라고 했다는 거야. 자네는 이것을 어떻게 생각하나?"

벤은 웃었다.

"제가 저질렀던 실수와 마찬가지로 지배인의 잘못입니다."

"잘못 가운데서도 가장 나쁜 잘못일세. 종업원은 제안하는 것을 기쁘게 생각한다네. 자네나 나 같은 관리자는 방법과 연구에 대한 개선안에 의해 회사의 경영 이념을 만들어 가고 있는 걸세. 만약에 자네가 부하의 제안에 신경 쓰지 않으면, 자네는 부하의 창의성을 죽이게 되는 걸세."

벤은 또 수첩에 이렇게 써 넣었다.

'개선에 관한 사내 제안을 환영하라!'

고객이 만족을 느낄 때까지 봉사하라

어느 날 크라우슨 씨의 사무소에서 벤에게 전화가 왔었다.

"메이젤에게 전해 주게. 내일 당장 가든 영업소로 전임(轉任)하도록 하라고."

벤이 그 말을 메이젤에게 그대로 이야기했더니, 매우 곤란한 일이 벌어졌다. 메이젤이 가든 행 버스를 타려면 1km 이상이나 걸어야만 했다. 거기서 버스를 타고 새로운 근무지까지 20분이나 걸리며, 더욱이 매일 아침 겪어야 하는 불편이었다. 그가 오랫동안 살고 있는 집과 현재의 직장은 불과 400m에 지나지 않으며, 걸어서도 다닐 수 있는 거리였다.

메이젤에게는 매우 딱한 전임이었다. 크라우슨 씨는 이 일에 관해 의논하기 위해 급히 벤과 메이젤이 있는 사무소로 찾아왔다.

크라우슨 씨는 가든 영업소에 얼마 전부터 일손이 모자랐다는 것을 설명했다. 게다가 또 가장 일을 많이 하던 사람이 갑자기 맹장수술을 하게 되었다는 것이었다. 이런 사정을 충분히 설명하자, 일은 원만스럽게 다스려졌다. 메이젤은 일시적으로 가든에서 일하기로 했다.

벤은 얼마 동안 일꾼을 한 사람 잃게 되지만, 그런대로 일은 처리될 것이다. 다른 영업소가 곤란을 겪고 있을 때는 될 수 있는 대로 적시적소에 도와주어야 하는 것이다.

"이번 일은 매우 안됐네만……."

크라우슨 씨는 동정 어린 어조로 말을 이었다.

"아주 급한 일이네. 그렇지만 조금만 더 여유를 두고 보게. 그렇게 하면 틀림없이 모두 납득해 주겠지. 이번 일로는 메이젤 때문에 자네에게 불편을 주게 되고, 빌에게도 일이 많아지겠지. 그렇지만 나는 자네들의 고마움을 잊지 않을 걸세."

일이 원만하게 수습이 된 뒤에 크라우스 씨는 벤에게 이렇게 물었다.

"우리는 경험으로부터 배우기 마련일세. 자네는 무엇을 배웠나?"

벤은 또 다시 손때가 꾀죄죄하게 묻은 수첩을 꺼내어 이렇게 썼다.

'먼저 이유를 설명하고, 사정이 바뀌어 영향을 받을 사람들을 납득시키도록 하라!'

크라우스 씨는 이야기를 계속했다.

"벤, 자네는 이 관리의 일을 정말 잘해 나가고 있네. 자네와 이야기를 나눈 일들 외에도 자네의 방법이 매우 좋다고 생각되는 일이 몇 가지 깨달아지고 있다네. 그것은 다음과 같다네. '종업원들에게, 그들이 어떠한 상태에 있는가를 알게 하라', '개선 방법을 제안하도록 하라', '직원들이 일 잘하게 하는 가장 좋은 방법은, 나쁜 점을 지적하는 것보다도 좋은 행위를 칭찬하는 것이다', '약속을 지켜라.'"

"제가 그러한 것을 실행한다고 말씀해 주시니 과찬인 것 같습니다."

벤은 이렇게 말하고 다시 말을 이었다.

"그렇지만 저는 그러한 것들을 실행하려고 시도하고 있다는 데 지나지 않습니다. 만약 제가 발전했다면 그것은 모두 당신 덕분입니다."

"너무 겸손하지 말게."

크라우스 씨는 빙그레 미소 지으면서 말을 이었다.

"우리는 종업원들을 어떻게 지도할 것인가, 의논을 해 왔네. 앞으로도 이런 문제에 관해 서로 의논할 수 있기를 바라네.

자네가 성공하리라고 처음부터 내가 확신한 이유는 두 가지였다네. 그 가운데의 하나는 자네는 책임감이 강하다는 거였네. 또 하나는 자네가 관리자가 될 때 자네가 맨 처음 한 말이었네. '솔선수범이라는 좋은 습관을 만들어 내겠다' 는 말이지. 자네는 이것을 언제나 착실하게 실행했네. 특히 손님에 대해 정중하고 배려심 깊은 태도를 자네가 솔선하여 실행한 것을 나는 잘 알고 있네.

자네는 수첩에 써 넣은 일을 모두 실행하고, 게다가 고객을 위해서라면 세세한 점까지 신경을 썼다네. 자네는 손님의 차 안에 어린아이가 있으면 그 어린아이를 칭찬했고, 때로는 개까지도 빼놓지 않고 신경을 썼다네. 손님은 자네와 일단 거래를 하면, 몇백 미터나 떨어진 곳에서 일부러 자네의 영업소를 찾아오곤 했지. 이것은 자네의 친절에 기쁨을 느꼈기 때문이라네.

게다가 중요한 일은 종업원들이 자네의 모든 것을 배우고 있다는 것일세. 자네는 여기서 부하에게 예의바르게 하라고 명령도 할 수 있고 나무랄 수도 있지만, 만약에 자네가 웃는 일도 없고 보통 이상의 서비스도 하지 않았다면, 종업원도 따라하지 않았을 걸세. 그렇게 되었다면 여기의 실적은 다시 우습게 되어 버리고 말았을 테지."

이것으로 신참 관리자인 벤과 벤을 가르치는 고참 관리자인 크라우스 씨의 이야기는 끝내기로 한다.

여러분이 관리자이건 아니건 간에, 인생의 모든 경우에 관리라는 것에서 예외될 수는 없다. 이를테면 학생들을 지도해야 하는 교사는 담당 과목 여하를 막론하고 모두 관리자이다. 부모의 양육 기술은 모두 관리와 밀접한 관계가 있다. 만약에 당신이 어떤 종류의 위원회의 장(長)이라고 한다면, 관리라는 업무를 빼놓는다면 그 위원회를 움직일 수 없다.

관리자는 부하를 일하게끔 하여 실적을 올리는 사람이다. 만약 관리자가 부하를 일하게 만드는 기술을 모른다면 그의 앞날은 보장될 수 없다. 다행히 벤의 경우에는 고참 관리자인 크라우스 씨의 지도를 받아 신참 관리자의 티를 벗을 수 있었지만, 사람을 움직여 실적을 올릴 줄 모르는 관리자라면 언젠가는 남의 관리를 받는 위치로 떨어질 것이 틀림없다.

제5장 요약

신참 관리자 실전 테크닉 A-Z

(1) 관리자가 솔선수범하는 좋은 습관을 만들라.

(2) 관리자는 부하를 일하게끔 하여 실적을 올리는 사람이다.

(3) 직원을 개성 있는 인격체로서 대우하라. 그리고 그가 중요 인물이라는 것을 인식시켜라.

(4) 명령보다는 사내 제안을 유도하라.

(5) 나무라기 전에 전후 사정을 파악하라. 다른 사람 앞에서 나무라서는 안 된다.

(6) 우수한 관리자는 직원들이 스스로 일하게끔 만든다.

(7) 직원을 일하게 하는 가장 좋은 방법은 나무라는 것보다는 잘한 행위를 칭찬하는 일이다

(8) 믿을 만한 사람을 믿어라.

(9) 부서 변경 시 자리 이동으로 인해 영향을 받을 사람들을 납득시켜라.

(10) 고객이 만족을 느낄 때까지 관리자가 솔선하여 봉사하라.

3

매력적인 개성이 상대를 끌어들인다

1. 매력적인 개성을 만드는 방법
2. 상대를 내 편으로 끌어들이는 방법
3. 긴장 속에서 정신적 여유를 찾는 방법
4. 결혼생활을 행복하게 하는 방법

1. 매력적인 개성을 만드는 방법

당신의 개성은 당신의 운명

당신은 평범한 사람이나 또는 추하게 생겼다고까지 말 들을 정도의 사람이 매우 기막히게 매력적인 개성을 가지고 있는 것을 깨달은 일이 있는가. 그러한 사람들은 나이가 들어도 언제나 젊게 보이게 마련이다.

미남미녀들은 별로 색다른 노력도 하지 않고 다른 사람들의 눈길을 모아 특별한 취급을 받게 된다. 그들은 대부분이 스스로 노력하여 개성을 갈고 닦는다는 것 따위의 필요를 느끼지 않는다. 그래서 표면의 칠이 벗겨져 버린 다음에야 노력하여 개성을 만들어 낸 소박한 사람들에게는 도저히 당할 수 없다는 것을 알게 되는 것이다.

용모나 신체의 아름다움에 의지하고 있는 영화배우나 여배우에게는 곧 싫증을 느끼지만, 예(藝)를 갈고 닦은 배우는 누구에게나 사랑을 받게 되는 법이다. 우리는 다소의 결점조차 있음에도 사람을 끌어당기는 개성을 지니고 있는 남녀를 곧잘 보게 된다. '미운 오리새끼'로 태어나 아름다운 백조가 된 사람의 예는 얼마든지 있다. 역사를 하나하나 넘겨 보아도 단점을 장점으로 연마한 사람의 예는 이루 헤아릴 수 없을 정도이다.

링컨은 거칠고 비천한 사나이였다. 워싱턴은 자신의 약점을 인정하고, 그것을 고치는 것을 목표로 삼았다. 에디슨을 교사는 벙어리인 줄 알았다. 다윈은 아버지로부터 '쓸모없는 건달' 이라는 말을 들었다. 그리스의 웅변가 데모스테네스는 지독한 말더듬이였다. 다른 사람들이 자신의 불운을 한탄하고 있을 때, 이 사람들은 그 단점으로 자신의 행운을 이룩하려고 노력하고 있었던 것이다.

개성은 성격을 기초로 하고 있는데, 그것은 같은 것이 아니다. 개성이란 갖가지 특성의 성격이 합쳐져서 다른 사람의 눈에 비친 한 사람의 개인이 반영(反映)된 것이므로, 그것은 '우리가 다른 사람에게 주는 인상' 이라고도 할 수 있을 것이다. 옛날 속담에 '당신의 얼굴은 당신의 운명' 이라는 말이 있는데, 실제로 맞는다고 할 수는 없다. 차라리 '당신의 개성은 당신의 운명' 이라고 하는 편이 진실에 가까울 것이다.

확실히 이 말은 검토할 여지가 있는데, 다른 사람에게 주는 인상인 개성은 다른 사람과 사귀는 경우 크나큰 역할을 한다. 그러나 개성이 책임감과 정직과 인내 같은 성격으로 뒷받침되고 있는 것이 아니면 결국은 실패를 초래하게 될 것이 틀림없다.

개성과 성격은 상관관계로 맺어져 있다. 더없이 뛰어난 개성이란,

다른 사람에 대한 태도나 행동에 나타나는 두드러지게 눈에 띈 성격적인 특성인 것이다.

우리가 곧잘 듣게 되는 '매력적인 개성' 이니 '사람을 끌어당기는 개성' 이니 하는 것은, 성격을 만들려고 하는 적극적인 노력에서 생긴다. 그것은 적극적인 행동, 다시 말해서 활동적이고 기민하여 유쾌하고 의연한 태도에 저절로 나타나는 것이다.

매력적인 개성은 언제나 사람들의 눈을 끌게 마련인데, 좋은 개성으로 눈을 끌도록 주의해야 한다. 사람들의 눈을 끄는 좋은 개성이란 다름 아닌 '사람들에게 친밀감을 갖는다' 는 것이다. 그래서 매력 있는 개성을 만드는 비결은 '사람들에게 친밀감을 갖는' 일이다. 친밀감을 갖는다는 것은 사람에게 따뜻하게 미소 짓고, 그 사람을 위해 도움이 되어야겠다고 생각하는 일인 것이다.

"그런 일이 그렇게 간단하고 또 필요한 것이라면, 어째서 누구나 다른 사람에게 친밀감을 가지려고 하지 않는가?" 하고 당신은 물을지도 모른다.

그것은 그들의 신경질적인 자아(自我) 때문인 것이다. 사람이 다른 사람에게 친밀감 있는 태도로 접촉하기를 망설이는 것은 대개는 그가 거절당할 것을 두려워하기 때문이다. 그러한 사람은 그렇게 생각하는 것만으로도 소름끼칠 만큼 무서운 것이다. 그러므로 만약 그가 사람들에게 마음속으로는 친밀감을 가지고 있었다 할지라도 냉담한 태도를 취하는 것이다.

더욱 불행한 일은 그가 그때 다른 사람으로부터 후한 대우를 받지 못하기라도 하면, 자신을 얕잡아 보고 창피를 주었다고 생각하여 또 다시 자신의 껍질 속에 틀어박혀 버리고 마는 점이다.

사람이 신경질적인 자아에 좌우되면 이토록 어이없는 상황에 처하게 된다. 다른 사람이 평범하게 대한다고 하더라도, 자신이 언제나 모욕받고 있는 것이나 아닐까 하고 두려워하여, 결국 사람들로부터 모욕받게 되고 마는 것이다.

다른 사람에게 사랑받기를 기대하고, 그리하여 자신감을 가지고 다른 사람에게 친밀감을 갖도록 하자. 매력적인 개성을 지닌 사람이 다른 사람을 위한 생각을 하면 다른 사람도 상대를 생각하게 되는 것이다.

매력적인 개성을 지닌 사람은 활동적이며 적극적이다. 또한 그는 낙천주의자여서 역경의 노예가 되기를 바라지 않는다. 어떤 일이라도 해낸다는 일념으로 열심히 다른 사람들과 협력하려고 한다. 그의 정신은 언제나 싱싱하게 활기가 있으므로, 친구나 주위 사람들을 격려하고 용기를 북돋아 주는 것이다.

대체 그는 어떻게 하여 그 정신을 획득할 수 있었던 것일까. 그는 역경을 통하여 그것을 극복했기 때문이다. 조금 당혹한 정도에서부터 점차로 탄력을 거듭하여, 마침내는 아무리 심한 타격을 받더라고 웃으며 이겨 낼 수 있게 되었던 것이다.

다른 사람과 함께하는 개성이 인생의 목적이자 행복

개인의 인생 도정(道程)은 인생에 있어 어떤 목적-어떤 목표를 갖는 것에 의해 트인다. 목적이 없는 사람들은 어떠한 가망성이나 기대도 없이, 정처 없이 방황하고 있는 것에 지나지 않는다.

인생이란 목적을 중심으로 하여 나아가야만 하는 것이다. 우리는 어디로든지 가야만 하는 것이나, 어디로 가는가를 알고 있어야만 한다. 만약 사람이 목표에 도달하기를 열심히 바란다면, 그의 행위는 자연히 목표까지 이르게 될 것이다.

만약 다른 사람의 마음을 끌 수 있게 되기를 바란다면-인간적인 깊이나 특색 또는 사람을 이해하는 힘을 가져야만 한다. 이러한 것은 책을 읽고 인간적인 경험을 쌓아, 신망 있는 사람과 사귐으로써 얻어지는 것이다. 그러기 위해서는 노력이 필요한데, 우선 관찰하고 그리고 체득하는 것이다. 완전히 체득할 수 있는 다음에는 '봉사' 해야만 한다.

사람마다 환경은 다를지 몰라도 행복이란, 다른 사람에게 관심을 두며, 다른 사람의 입장이 되어 생각하고 이야기하고 행동하고, 다른 사람과 서로 나누는 것이야말로 행복인 것이다. 그런데 어떤 사람은 개성이란 적극성을 강조하는 것이라고 말한다. 너무나도 많은 사람들이 허황된 사고방식과 부정적인 태도에 의해 무익한 행동을 하고 있는 것 같다. 이러한 의혹이나 공포심을 고치려면 어떻게 하면 좋겠는가.

그 방법은 목적을 갖는 일이다. 이 목적에 의해 사람의 생활은 활기를 띠고 활동적이며 행복한 사람이 될 수 있는 것이다.

목적을 달성하려는 소망은 인생의 곳곳에서 우리에게 중요한 답례를 해 준다. 만약 대장간이 있다면 뛰어난 대장장이가 되도록 결심하게 하라. 만약 그가 아버지라면 아버지로서 중요한 일에 최선을 다하도록 하게 하라. 스포츠나 취미를 행하는 경우라도 열심히 하지 않으면 재미도 열정도 솟아나지 않는 것이다. 행복은 일을 잘 해냈을 때의 만족감에 의해 맛볼 수 있다. 희망을 갖게 되면 동시에 목적이 생기고, 목적은 행동을 일으키며, 행동은 만족감과 동시에 행복감을 사람에게 주는 것이다.

사람은 활동적으로 부지런히 일해야 한다는 것이 인생의 법칙이다. 이 법칙을 깨뜨리면 사람은 자연의 벌을 받는다. 할 일이 아무것도 없다는 것은 견딜 수 없는 일인 것이다. 이러한 경우의 사람들이 곧잘 문제를 일으키는 법이다. 돈 많고 한가한 사람들의 트러블을 보라. 아무것도 할 필요가 없기 때문에 아무것도 하지 않는다는 사람은 불행하기 마련이다.

정신과 의사의 진료실에는 아무것도 할 일이 없기 때문에 병이나 절망 같은 트러블을 스스로 생각해 낸 사람들이 몰려와 있다. 악마는 게으른 사람의 육체에 깃들 뿐만 아니라, 게으른 사람의 정신에도 나쁜 생각을 심어 주는 것이다.

개성은 사람과의 접촉 속에서

개성의 일부로서 활기는 중요한 의미를 가진다.

활기는 얼굴의 표정에도 나타난다. 특히 어떤 일에 흥미를 갖고 있거나, 매우 기분이 좋거나 할 때의 감정은 얼굴에 나타나기 쉬운 것이다. 희극배우가 괴로운 표정을 지으면 우스꽝스럽지만, 일상 세계에서는 표정이 빈곤한 얼굴이란 음울하고 불쾌할 뿐이다.

극히 자연스러운 다소의 몸짓은 활기를 준다. 유능한 세일즈맨, 강연자, 배우가 어떤 몸짓을 하는지 잘 주의하여 살펴보라. 그것은 일상생활에서 주고받는 대화에도 크게 도움이 되는 것이다. 몸짓을 하는 것으로 사람의 눈길을 끌고, 주의를 다른 곳으로 돌리지 않게 할 수 있는 것이다.

활동적인 것이 사람의 마음을 끈다는 간단한 예를 들자.

당신이 드라이브하는 도중에 소떼를 만났다고 하자. 모든 소가 나무 그늘에 서 있는 가운데서 한 마리만이 돌아다니고 있으면, 자연히 당신은 그 움직이고 있는 소에게 눈길을 주게 된다.

이와 마찬가지로 당신이 어떤 모임에 나갈 경우 당신은 돌아다니는 사람에게 마음이 끌린다. 벽가에 가만히 앉아 있는 사람은 벽에 묻혀 있는 꽃이란 소재에 지나지 않는다. 그러나 활동적이 되는 것을 수선을 떨고 소란을 피우는 일이라고 잘못 생각해서는 안 된다. 적당히 여유를 갖고 행동하는 것이 좋다.

우리들 일상 행위의 모든 면에서 중요하고 중요하지 않는 것에 관계없이, 개성은 다른 사람과의 접촉에서 자연히 나타나는 것이다.

사람이 기분 좋게 개성을 체득하기 위해 다른 사람과 함께 행동을 하는 것보다 더 좋은 일은 없다. 여기서 또 다시 적극적인 활동이라는 원리가 적용되는데, 이에 덧붙여 다른 사람과 함께 하는 경우 주도권을 잡는다는 것이 문제가 된다. 매력적인 개성을 갖고 싶어 하는 사람은 다른 사람에게 친밀감을 가져야 하는데, 그들 쪽에서 자기를 불러 주기를 기다리고 있어서는 안 된다.

은둔자(隱遁者)와 같은 생활을 하고 있는 사람은 다른 사람과 함께 유유히 행동하는 일도 없고, 서로 접촉하는 일도 없으므로, 사람의 성품이 비뚤어지고 만다. 사람들은 그의 성질이 까다롭기 때문에 도저히 협력한다는 것은 불가능하다고 생각해 버려서, 결국 그는 성공과 행복의 필수 조건인 사람들의 이해나 협조를 잃게 되는 것이다.

현대 심리학에서는 이제까지 부수적인 가치밖에 인정되지 않았던 어떤 습관이 매우 중요하다는 것을 발견하였다. 이를테면 헨리 C. 링크 박사는, "스포츠, 놀이문화는 건전한 정신과 유능한 개성을 만드는 데 가장 중요한 역할을 한다"라고 말하고 있다.

만약 그룹의 사람들이 야구나 테니스를 하자고 말했을 때, 우리가 그 방법을 모른다거나 너무나도 겁쟁이라거나 자의식의 과잉으로 해 볼 수 없으면 우리는 그룹에서 제외되고 만다. 수영, 댄스, 오케스트라 연주, 브리지 같은 모임의 경우도 마찬가지이다.

'나는 할 수 없다', '나는 하고 싶지 않다', 이러한 사람은 따돌림을 받게 된다. 개성이란 다른 사람과 행동하는 경우에만 나타나기 마련이므로, 사람들이 곧잘 하는 오락 따위는 함께 할 수 있을 정도로 평소 익혀 둘 필요가 있다.

많은 사람들이 공통된 목적을 갖고 하는 활동이며 클럽 운동이며 사회사업의 봉사 같은 것들이 팀워크의 정신을 가르치지만, 동시에 그것은 좋은 개성이 형성되는 데에도 매우 중요하다.

유능한 강연자는 자신의 세계 안에 갇히는 일이 없으며, 영화나 라디오의 인기 배우인 보브 호프, 잭 베니, 슈노츠르 듀란트들은 자기를 희생해 가면서 사람들을 위해 우스꽝스러움을 만들어 내고 있다.

당신 자신이 이야기의 주인공이 되지 말라는 것은 매우 중요한 규율(規律)이다. 사람들로부터 칭찬을 듣고 싶으면 자신의 결점을 즉시 인정하고, 실패했을 경우는 곧 그것을 알아차려야만 한다. 또 논쟁하는 것은 피해야 한다. 논쟁해 보아야 어느 쪽이 옳다는 말은 결코 들을 수 없기 때문이다.

그렇다고 해서 우리가 다른 사람의 생각대로 행동해야 된다는 의미는 아니다. 개인의 능력, 자존심, 개성은 소중하게 간직해야만 한다. 때로는 자신의 자존심을 지키기 위해 심한 행동을 하게 되는 경우도 생긴다. 무슨 일에나 '네', '네' 하기만 하는 사람은 아무에게도 존경받지 못하며, 비굴하고 얼빠진 듯한 성품이나 자신을 너무 비하(卑下)하기만 하는 사람 역시 아무도 칭찬하지 않는 것이다.

그러나 인간관계에서 일어나는 거의 모든 과오는 이제까지 말해온 것의 반대쪽에 있다. 우리는 다른 사람의 일을 열심히 생각하는 사람을 보는 게 아니라, 다른 사람을 골탕먹이거나 괴롭히고자 하는 사람을 곧잘 보게 된다.

대개의 사람은 자신의 의견을 절대로 다른 사람에게 적응시키려고는 하지 않는다. 더욱이 그러한 잘못을 저지르는 대부분의 사람들이 다른 사람의 권리에 강한 질투를 갖는 법이다. 그들이 그런 개성의 약점으로 사람들과 논의하거나 다투거나 하면, 누구의 협력도 결코 얻을 수가 없게 된다.

찬성하지 않다고 하더라도 충돌하지 말라

우리는 언제나 자신이 옳다고 너무 지나치게 확신하지 않도록 해야 한다. 더욱이 자신이 옳은 것이 당연하다는 생각을 하지 않도록 하자. 아인슈타인의 상대성 원리는 다른 수많은 과학자의 이론을 뒤집어엎었다. 과학자는 언제나 자기의 이론을 바꾸면서 전진하고 있지만, 자기의 이론을 바꾸는 데 분규(紛糾)를 일으키지는 않는다. 그러니까 우리가 자신의 의견을 거역하지 않고 순순히 다른 사람의 의견에 바꾸는 일에 무슨 나쁜 일이 생기겠는가.

트러블이란 적극적인 신념과 적극적인 신념이 부딪쳐서 일어나게 되는 것이다. 오늘날 과학의 기준으로 생각하면, 양쪽 모두 자기가 절대로 옳다고 지나치게 확신하고 있기 때문이다. 그와 같이 신념이 충돌하는 경우는 대개 감정적인 요소가 들어 있기 마련이다.

사람은 다른 사람의 의견에 찬성하지 않는 경우, 말하는 방법에 조심하는 편이 좋다.

우리의 말은 우리가 불만을 털어놓으려는 상대에게 당장 반영되곤 한다. 반대 의견이나 틀린 의견을 나타내려는 데 쓰이는 말에, '당신은 거짓말쟁이야' 라는 의미의 말밖에 포함되지 않는 수가 많다. 이것은 논의되고 있는 문제가 아무리 하찮은 것일지라도 싸움을 하게 되는 원인이 된다. 나중에 '그것은 잘못 알고 있었습니다' 라거나 '당신께선 오해하고 계십니다' 하고 아무리 정중하게 변명하거나 사과한다고 해도, 상대방이 자기를 거짓말쟁이로 여긴다고 생각해 버리기 때문에 싸움이 일어나는 것이다.

상대의 의견이 진실인가 아닌가 하는 결론을 주는 대신, 그 사람의 의견에 반대를 뒷받침하는 사실만을 말한다는 것은 훨씬 점잖고 분별있는 행위가 아니겠는가. 이를테면 어떤 친구가 "호츠 제임스가 아메리칸 리그에서는 최고의 타자다" 이렇게 말했을 때, "그렇지 않아"라고 말하지 않는 편이 좋다. "물론 호츠가 잘하지. 다만 오늘 저녁 〈타임스〉지에 게재돼 있던 타격률의 도표에서는 그가 리그에서 둘째였어. 그 도표에서는 에바르가 첫째였던 것 같았어." 이렇게 말하는 편이 좋은 것이다.

이런 표현 방법은 다른 사람의 성격을 비판하는 말 때문에 일어나기 쉬운 감정적인 충돌을 피할 수도 있게 하는 것이다.

정신적인 면에서 생각해야 할 또 한 가지의 문제는, 사람이 다른 사람과 아무리 작은 논의를 하는 경우에도 자신의 가치관을 들고 나오는 것을 조심해야 한다. "그것은 내 인생을 결정하는 가치관의 문제였습니다", 그다지 중요하다고 생각되지 않는 일로 다른 사람과 격한 말다툼을 하면서 이렇게 그 이유를 둘러대는 경우이다.

그럼 '가치관의 문제' 라는 말을 냉정하게 생각해 보자. 이런 말을 쓰면, 그야말로 자기의 강한 성격을 나타내고 있는 것처럼 다소의 자랑을 느끼게 된다. 그러나 실제로는 사람들이 자신의 고집을 전면적으로 나타내려고 사용하는 '가치관의 문제' 라는 이 말은, 대부분의 경우 그들의 '허영심의 문제' 인 것이다.

그러니까 사람들과 이야기를 할 때에는 너무 지나치게 적극적인 말을 피하고, 또 상대의 성격을 비난하는 듯한 의미로 받아들여질 말은 쓰지 말아야 한다.

이 세상에 절대로 확실하다는 것은 거의 없다. 명확하게 이것을 알고 있는 사람들은 망설이거나 우유부단한 태도를 취하는 듯하다. 의사는 환자를 진찰하고 그 원인을 추정하면, 가설 판단에 따라 곧바로 치료를 시작하는 것이다. 다른 과학자들도 이와 같은 일을 하고 있다. 사실 현대의 모든 기술 문명은 굉장한 정밀도로 급속히 움직이고 있으며, 과학자들의 가설적이고 변전(變轉) 많은 발견 위에 이룩되어 있다. 그러므로 전기가 무엇인지에 대해 결정적으로 알고 있는 사람은 하나도 없지만, 누구나 태연하게 전기를 쓰고 있는 것이다.

이것은 너무 완곡한 표현 방법인지 모른다. 그러나 인간관계에서서 가장 중요한 것은 너무 자신만만한 표현을 하지 않아야 하며, 더욱이 중요한 것은 우리가 자신의 의견을 버린다거나 부분적인 변경을 가해야 할 때에 다른 사람들로부터 경멸된다고 생각하는 듯한 버릇은 절대로 가져서는 안 된다는 것이다.

유능한 사람은 다른 사람과 논쟁하지 않는 법이다. 다른 사람을 비판하거나 불평하거나 해서, 말다툼을 하고, 변명을 늘어놓고, 큰 소리로 잔소리를 퍼붓고, 다른 사람의 콧대를 꺾어 주고, 신경질적이 되는 일이 없다. 유능한 사람은 자신의 몫을 다하고, 게다가 자기가 뛰어났다는 것을 입증하도록 조금일지라도 자신의 몫보다도 그 이상의 일을 해둔다.

그는 자신이 뛰어나 있는 것을 의식하고, 자신의 힘과 자주성을 의식하면서 우직할 정도로 '자신의 길을 가는' 것이므로, 그의 행위는 어떤 말로 이야기하는 것보다도 가치가 있는 것이다.

조그마한 문제에 관해서는 그는 상대에게 길을 양보하더라도, 중요한 문제가 생겼을 경우에는 이제까지의 갖가지 관대한 양보로 길러진 정신력의 전부를 기울여 사건에 부딪쳐 감연히 일어나는 것이다.

논쟁을 피하기 위해서는 유머를 이해하는 마음을 갖는 것이 무엇보다도 좋다. 그것은 곤경에 빠진 인간을 구해 내는 힘이다. 어떤 유능한 사업가는 방문객이 돌아갈 때 기쁨과 만족의 미소를 띠면서 배웅하는 습관이 있었다. 부하 된 사람들은 사실 그 중역에게 호된 꾸지람을 듣는 일이 있어도 그를 좋아했다. 다른 갖가지 개성과 마찬가지로, 유머를 이해하는 마음도 훈련에 의해 얻을 수가 있다. 인생의 밝은 면을 찾으려고 하면, 그것은 찾아낼 수 있는 것이다.

그러나 유머는 상식적으로 점잖게 잘 생각해서 써야만 한다. 경고하는 유머가 옆길로 빗나가 오히려 심각한 결과를 불러일으키는 일이 있어서는 안 된다. 유머를 쓰는 방법이 잘못되면 사람 마음의 아픈 점을 찔러 몹시 노하게 만드는 일도 있다. 물론 심각해야 할 경우도 많으나, 그 자리의 상황에 맞추어 유머를 사용해야 할 것이다.

밝은 표정은 즐거운 마음에서 만들어진다

비록 악의가 없는 농담일지라도 짓궂게 야유하는 일은 말다툼하는 결과와 똑같은 일이 발생한다. 빈정거림이 섞인 혹독한 평은 상대를 궁지에 몰아넣고, 그 결과 대중들이 보는 앞에서나 보지 않는 데서 그는 이같이 모욕받은 일에 보복을 하게 된다. 친한 벗에게 농담으로 하는 말이라도 야유로 들리는 수가 많다.

사람을 놀리는 일도 위험한 일이다. 사람은 우롱당하면 본능적으로 몸의 위험을 느끼기 때문에, 상당히 뿌리가 깊은 지독한 보복을 하는 법이다. 사람을 야유한다는 것은 독극물이나 위험물을 다루듯 충분히 주의를 기울이는 편이 좋다. 우리에게 비극을 초래할지도 모르기 때문이다.

질투, 공포, 선망, 혐오 같은 감정도 사람들에게 좋은 인상을 줄 수 있는 개성을 해치는 것이다. 자기가 누군가를 심하게 야단쳤다든가, 누구누구에게 마음이 끌렸노라는 둥 지껄여 대는 버릇이 있는 사람은 충분히 주의해야만 한다. 이것은 세련되지 않은 성품을 나타내는 것이다. 그리고 듣는 사람을 불쾌하게 만들기도 한다.

사람들은 언제나 누군가와 트러블을 일으키고 있는 것처럼 생각되는 사람을 어느 틈에 피하게 되고 만다. 게다가 본인이 없는 뒤에 가서 내 일을 이것저것 비평하거나 흥미 위주로 퍼뜨리는지도 모른다고 사람들은 사실 이상으로 추측하고, 또 실제로 그것이 들어맞는 경우도 많다. 그러므로 우리가 다른 사람에게 하는 행동은 자신에게 하는 것과 같음을 알고, 건설적으로 행동해야 한다.

당신은 누군가를 스쳐 지났을 뿐 이야기도 하지 않았는데 기분 좋은 개성을 가진 사람이라고 느껴 본 적은 없는가. 그것은 당신이 흘끗 본 것만으로 인상을 받기 때문이다. 그 인상은 그의 모습, 눈, 머리, 풍채, 옷, 그 밖에 당신이 흘끗 볼 수 있는 겉모양 자체에서 얻는 것이다.

그러나 또 하나의 요소는 당신의 잠재의식 속에 있는 연상(聯想)이다. 우리는 그것을 자신이 실제로 느끼는 것이 아니라, 옛날에 우리가 알고 있었던, 좋아했거나 싫어했던 누군가를 생각해 내는 어떤 특징이나 용모를 인정하기 때문에 일어나는 것이다.

이와 같이 우리는 한눈으로 곧 사람을 판단하기 쉽기 때문에, 될 수 있는 대로 상대방에게 강한 첫인상을 주지 않도록 주의해야 한다. 어떤 남자의 머리 모양이며, 그가 악수하는 모습이며, 그가 당신의 눈을 뚫어지게 보건 보지 않건, 그것은 그의 성격을 판단하는 결정적인 조건이 아닌데도 우리는 첫인상으로 사람을 판단하는 실수를 저지르곤 한다.

그러므로 중요한 것은 표정이다. 당신의 미소는, '나는 당신을 좋아합니다' 하고 말하는 것처럼 보인다. 당신이 상대를 좋아하는 것이, 상대가 당신을 좋아하게 만드는 가장 좋은 방법이다.

미소는 사람의 마음을 끌어당기는 기막힌 표현이다. 마음은 반드시라고 해도 될 만큼 얼굴에 반영된다. 밝은 표정은 즐거운 마음에서 만들어지는 것이다.

겉보기에 대해서는, 우리는 사치스럽게 옷을 차려입을 필요는 없다. 사실 너무 고급이어서 황홀한 옷을 입고 있으면 때로는 꼴불견이 되는 수가 있다.

어떤 유명한 세일즈맨이 이런 말을 한 일이 있다. "남의 주목을 끌고 싶다고 생각하는 세일즈맨은 분홍빛 바지 따위를 입어서는 안 된다." 깨끗하고 산뜻하게 차림을 하는 습관은 대부분의 사람들의 마음에 드는 법이다. 이것은 남성과 마찬가지로 여성에게도 말할 수 있는 일이다. 사실 남성이 여성의 차리지 않은 모습을 비판하는 경우가, 여성이 남성의 깔끔하지 못함을 운운하는 것보다도 많은 것이다.

어쨌든 몸을 잘 씻고, 손톱이며 이를 정갈하게 하고, 머리카락 손질을 산뜻하게 하며, 구두를 잘 닦고, 입은 옷을 청결하게 한다는 것은 그다지 어려운 일이 아니다. 우리는 정성을 들여 옷차림을 단정히 하여, 사람들의 마음에 들도록 해야 한다.

끝으로, 사람에 따라서는 조롱하는 투로 잘 쓰는 '개성의 매력'에 대해 이야기해 보겠다.

지도자란 거의 누구나 이 매력을 갖고 있다. 제2차 세계대전 때의 지도자에 관해 조사해 보았더니, 프랭클린 루스벨트 · 처칠 · 스탈린 등은 저마다 개성적인 매력을 갖고 있었다. 그들을 정치적 수완가라고 부르는 것은 아무래도 괜찮으나, 아무튼 그들은 개인으로서의 매력과 개성적인 특징에 의해 권력을 쥐고 온 세계 사람들의 운명을 좌우했던 것이다.

위대한 정치가, 배우, 각계의 지도자는 누구나 매력이라는 공통된 보물을 갖고 있다. 개성이라는 말을 18세기의 객실이나 신부학교(新婦學校)에서만 쓰는 표현이라고 생각해서는 안 된다. 우리는 그것을 다른 사람들에게 미치는 활동-힘, 성실의 다른 표현으로서 생각하자. 누구나 다른 사람들이 호의를 가져줄 만한 개성을 양성하려고 노력하는 것은 당연하다. 그것은 매력이라고도 하겠고, 또는 다른 어떤 이름으로 붙여도 괜찮은 일이다.

주도권을 잡는 정신, 장애를 이겨 나가는 진취적인 마음, 적극적인 태도는 매력적인 개성을 기르는 데 없어서는 안 될 필요조건이다. 그러나 이 모든 태도에는 다른 사람에 대한 배려가 빠져 있어서는 안 된다. 기분 좋은 인상의 개성을 만들기 위한 갖가지 방법은, 한 가지 원리를 중심으로 하여 행해지는 것이다. 다른 사람의 입장에서 생각하고, 이야기하고, 행동하라는 원리이다.

매력적인 개성의 진수(眞髓)는 다른 사람과 친밀하게 지내는 일이다. 이것은 노력이 필요한데, 열등감 · 허영심 · 겁쟁이 · 정력의 결핍 따위 때문에 노력을 할 수 없는 사람은 인생이라는 게임에서 따돌림을 받는 낙오자가 되어, 쓸모없고 질투심 많은 방관자로 떨어져 버리고 만다. 우리는 노력하지 않으면 안 된다. 인간관계에 강한 인상을 주는 특질이란 분명 다른 사람들과의 접촉을 싫어하지 않는 습성 때문에 이루어지는 것이다.

제1장 요약

매력적인 개성을 만드는 방법

(1) 개성의 기초를 이루는 성격은 단점이나 역경을 이겨 내는 것으로 훈련된다.

(2) 함께하는 개성이 인생의 목적이자 행복이다.

(3) 다른 사람과 함께 하는 행동은 매력적인 개성을 만드는 열쇠이다.

(4) '사람들에게 친밀감을 갖는 일'은 매력적인 개성의 일면이다. 게임이나 운동회, 봉사회 등의 사회활동으로 사람들과 협력하라.

(5) 말다툼, 빈정거림, 야유는 자기를 해치는 독이다.

(6) 결코 당신 자신이 이야기의 주인공이 되어서는 안 된다.

(7) 대인관계에 성공하려면 공포심을 갖지 않아야 한다.

(8) 다른 사람에게 도리를 다할 것을 요구하기 전에, 자신의 도리를 약간 넘는 정도로 일을 더 처리할 것.

(9) 즐거운 마음은 얼굴을 매력적으로 만들기 마련. 미소는 가장 매력적인 개성의 표현이다.

(10) 단정한 옷차림도 좋은 인상을 만들어 준다.

(11) 다른 사람의 일을 생각하는 사람은, 다른 사람으로부터 도움을 받게 되는 법이다.

2. 상대를 내 편으로 끌어들이는 방법

껍질을 깨야만 인간적 친밀감을 얻을 수 있다

"여기는 비좁아 갑갑하고 어둡다."

달걀 속의 병아리는 아직도 껍질을 깨지 않은 채 이렇게 불평을 털어놓았다.

"그럼 어째서 껍질을 깨지 않느냐?"

밖에 있는 누군가 이렇게 물었다.

"난 선천적으로 겁쟁이이고, 소심해요."

깨어나지 않는 병아리는 말을 계속했다.

"여기는 따뜻하고 안전하지만, 밖은 춥잖아요? 게다가 누가 나를 노리고 있을지도 모르는걸요."

다음의 이야기는 위의 이야기와는 달리 용감하게도 바깥의 큰 세계를 두려워하지 않고 시골 촌구석의 젊은이가 대도시로 뛰어 들어 굴지의 대기업의 회장으로 성공하기까지의 이야기다.

버트 네이벨이 남 미주리의 외딴 시골에서 중서부 도시로 나왔을 무렵, 그는 아직 체스터월드 경(卿)은 아니었다. 두 눈이 어지러워 보일 정도의 도수 높은 코안경을 끼고, 머리는 '조그마한 마을의 이발소' 스타일인 데다가, 옷은 불편해 보였고, 너무 작은 모자는 머리 위에 살짝 올려놓았을 뿐이었다. 악수하는 방법도 어색했으며, 식사한 뒤에는 이쑤시개를 입에 문 채로 있는, 세련됨과는 먼 촌뜨기였던 것이다.

이런 모습으로 도저히 좋은 세일즈맨이 될 수가 없었다. 정말로 그가 약아빠진 도회지의 고객을 상대로 어떻게 이야기했을지 참으로 궁금하다.

그러나 어쨌든 그는 세일즈맨으로서의 일을 얻게 되었다. 그로부터 그는 자기의 껍질을 벗기 시작한 것이었다. 처음에는 서투른 방법이기는 했지만, 그는 사람들에게 친밀감을 가지려고 했다. 이따금 냉담하게, 또는 은혜를 준다는 것 같은 건방진 태도로 사람들에게 다루어지기는 했지만, 그는 그것을 꾹 참았다. 그에게는 다른 사람보다 내세울 것이 하나도 없었다. 게다가 그는 고등학교 2학년에 다니다 만 것이다.

그러나 버트는 사람들에게 내놓을 수 있는 매우 귀중한 것을 두 가지 갖고 있었다. 그것은 그의 밝은 가정과 소년다운 미소이며, 또 만났던 사람들에게 진심으로 관심을 보이는 일이었다. 그들과 사이가 좋아짐에 따라, 그의 고객들은 그가 '친구로 삼고 싶은 좋은 젊은이'라는 것을 깨닫기 시작했던 것이다.

사람들은 또 버트가 재치가 풍부하다는 것을 깨달았다. 시사에 정통해 있고, 관찰력이 예민하며 상식도 풍부했다. 다른 사람들의 의견이 논의에 빗나가는 일은 있을지라도 버트의 비판만은 반드시 요점을 찌르고 있었다. 그는 언제나 자신의 직분을 다하고, 때로는 그보다도 이상 되는 일을 했다. 이기적이 아니고, 자신을 위한 것이 아니라 다른 사람을 위해 생각하도록 일했던 것이다.

이리하여 12년이 지나자, 동료들로부터 리더로서 올려다보게 되었다. 무언가를 조직하는 경우, 이를테면 사람을 모아 함께 일하게 하는 때에는 반드시 버트 네이벨이 맡게 되었다. 그는 대기업의 지방 판매 지배인이 되었으며, 오래지 않아 그의 회사의 전국 유통망협회 회장이 되었다. 그는 간부로서 그야말로 안성맞춤으로 세련되었으며, 친구들로부터는 존경과 애정을 한몸에 받는 사람이 되었다. 이렇게 하여 버트 네이벨은 지리적 배경, 사회적인 환경의 껍질을 벗어 버렸던 것이다.

벗어 버리기가 좀 더 어려운 다른 껍질이 있다. 그것은 사람의 공격으로부터 보호받으려는 감정적인 껍질이다. 많건 적건, 사람은 누구나 다른 사람 때문에 다치게 되지나 않을까 하고 두려워하여, 이와 같은 방어막을 치는 것이다.

어떤 경우에는 이것이 공포증으로까지 심해진다. 자아를 지키는 것이 고정관념으로 되어, 일상생활을 위협하는 것이다. 참으로 조그마한 자아가 막막한 껍질 속에 웅크리고 앉아 떨고 있는 것이다. '틀림없는 진짜인 나' 이며 '신이 만드신 나' 임에는 틀림없다. 이 종파(宗派)는 변화라는 것을 몹시 싫어하며, 사람들에게 친밀감을 가지려고 하지 않는다.

만약 당신이 가까이 하려고 하면 벼락이라도 맞은 것처럼 깜짝 놀라고, 뭐든지 가르치려고 하면 모욕받았다고 생각하여 성을 내는 것이다. 눈뜬장님으로, 이따금 멍해 있거나 걸핏하면 성을 잘 내고, 섬세하고, 병적이며 신경이 과민한 자아의 소유자인 경우가 바로 그것이다. 또 이따금 사람이 접근하면 고함을 치기도 하고, 얼굴을 찡그리기도 한다. '나를 좀 내버려 둬. 내게는 손가락 한 개도 대지 말아!' , 이 생각에는 절대 변함이 없다.

신경질적인 자아를 가진 사람들에 대해 생각해 보자. 신만이 얼마나 그들이 괴로워하는가를 알고 있는 것이다. 어떤 자는 정신병적일 정도로 심하지만, 다른 자는 극히 조금 일그러져 있을 뿐이다. 당신이 거리에서 만나면, 얼굴을 돌리고 지나쳐 버리는 사람들이 있다. 그들은 사람과 어울리는 것을 싫어하며, 개인적으로 지시를 받으면 상처받았다고 생각하여 움츠러들고 만다. 그 사람들을 생각하여 충언(忠言)을 하는 일 따위는 생각조차 할 수 없다. 그리고 그와 같은 사람들은 인생이나 책임을 도피하려고만 하는 것이다.

또 아무것도 하지 않음으로써 잘못을 저지르지 않으려 하는 사람들이 있는 것이다. 그렇게 하면 잘못으로 빠지는 일도 없고, 그 결과 그들이 두려워하고 있는 곤란에도 부딪치지 않게 되는 것은 확실하다. 그러나 그와 동시에 그들은 흥분이나 만족감을 맛볼 수도 없고, 인생 그 자체도 잃고 마는 것이다. 그들은 자꾸만 망설이려 뒤로 물러서려는 생각 때문에, 인생에 있어서의 자신의 존재를 무의미한 것으로 만들고 만다.

어떤 친구는 이런 말을 즐겨 한다. "말하지 말라, 하지 말라, 되지 말라" 신경이 과민한 모든 사람들은 잘못 양육되었기 때문에 이렇게 된 것이다. 그들은 부모로부터 너무나도 비호(庇護)받았거나, 또는 어렸을 때 부모나 선생이나 주위 어른들에 의해 공포심이나, 해서는 안 된다는 터부[금기시하는 것]를 몸에 익히게 되었던 것이다.

껍질을 벗어 버리고 정상이 되고 싶다면 가장 효과적인 방법은, 자신을 가두게 한 초기의 비뚤어진 영향이 무엇인가를 발견하는 일이다. 정확히 말한다면 그에게는 자기 교육이 필요한 것이다. 어렸을 적의 영향이 잘못되었음을 알게 되면, 다음 단계는 껍질에서 빠져나와 용기를 갖고 외계에 직면하는 일이다.

사람들과 접촉하는 것이 무엇보다도 좋은 치료 방법인 것이다. 우선 쉬운 방법으로서 사람들과 인사를 나누는 것부터 시작하자. 가족들과 유쾌하게 이야기를 주고받는 것으로 하루가 시작되며, 우유 배달, 우편 배달, 사무실의 동료들과 담소한다. 사람을 사귀는 것도 익숙해지면 쉬워진다. 적극적으로 다른 사람에게 관심을 갖고, 또 다른 사람이 관심을 갖고 있는 일에 대하여 관심을 갖도록 노력하라.

신경과민인 사람은 일상생활의 자질구레한 습관도 고수(固守)하는 경향이 있다. 그 습관을 깨뜨리는 것이 그에게는 큰 도움이 된다. 무언가 새로운 일을 하여 매일을 휴일처럼 즐겁게 하라. 만약 그가 반드시 저녁식사를 집에서 하는 습관이라면 이따금 밖으로 데리고 나가 색다른 식사도 하게 해 주고, 언제나 마주 대하는 사람이 아닌 다른 사람들을 만나게 하고, 때로는 조그마한 파티라도 열어 가정 내의 습관을 깨뜨리게 하면 된다.

상대를 내 안으로 끌어넣도록 하라

노동조합 일에 헌신적으로 활약하던 어느 비즈니스맨이 다음의 체험을 이야기해 주었다. 우리는 이렇게 하면 감정적인 껍질을 깨트리지 못한 사람들을 인간적인 큰 세계로 끌어들일 수 있을 것이 틀림없다.

노동조합에 관한 여러 번의 협의회에서 시몬즈라는 위원은 무슨 일에나 반대 의견을 내놓아 자꾸만 트러블을 일으키곤 했다. 어느 중요한 집회가 있기 전날 밤, 호텔의 한 방에서 비공식 간부회의가 열려, 그를 어떻게 처리할 것인가에 대한 의논을 했다.

'우리는 시몬즈를 제명해야 한다.' 이것이 대다수의 의견이었다. 그러나 한 비즈니스맨은 시몬즈가 반드시 불만을 터뜨릴 것이 틀림없다고 말하고, 모두에게 그를 회의에 출석하게 하도록 설득했다.

그리하여 시몬즈가 회의에 출석하게 되었다. 그는 시몬즈가 호텔 로비에 앉아 있는 것을 발견하고 둘이서 이야기를 시작했다.

그 이튿날 회의 자리에서였다. 그는 회의 중요 사안에 대하여 분명한 의견을 말한 뒤, 자신은 시몬즈의 견해도 이해할 수 있으며, 그것을 매우 중요하게 생각한다고 말했다.

그날 밤 늦게 그는 다시금 모임을 열어 그 자리에는 시몬즈도 불러내었다. 그는 미리 사람들에게 주의를 주어 시몬즈의 의견을 잘 듣고, 또 시몬즈가 대수롭지 않는 말도 모욕으로 여기고 곧 성을 낸다는 것을 기억하고 있도록 했던 것이다.

일은 그들이 의도한 대로 잘 진행되었다. 그 협의회의 계획은 시몬즈의 견해를 받아들여 일부를 정정했다. 이튿날 시몬즈는 다른 위원과 협력하여 회의석상에서 이 제안을 지지하고 제안은 무사히 통과할 수가 있었다. 그 후로 시몬즈는 그와 매우 친밀한 동료가 되었던 것이다.

이제까지 말한 사건은 어느 것이나 그 요점은 간단하다. 사람들이 자기의 둘레에 동그란 선을 그리고 당신을 내쫓을 때에는, 당신은 그 사람들을 끌어넣을 만한 더 큰 동그란 선을 자신의 둘레에 그리기만 하면 된다. 신경질적인 사람들과 접촉하는 방법은 자연스럽게 그들을 개성적인 존재로 인정하여 당신의 한패로 만드는 일이다.

우리는 누구나 얼마쯤은 감정적으로 반응한다. 거친 말을 쓰거나 동작을 하는 사람 가운데는 굉장히 감정적인 사람이 있다. 우리는 대수롭지 않게 생각하는데, 그들이 트러블이나 고민 그리고 모욕으로 여기는 것은 각자의 감정 때문인 것이다.

상대가 의도했건 아니건을 떠나서 경멸당하고 모욕받아 괴로웠다는 경험은 누구에게나 있기 마련이다. 그러나 대부분의 경우 악의가 있어 당신을 모욕하지는 않았을 것이다. 우리는 감정이 상했다고 해서 다른 사람의 우연한 행위를 끄집어내어 그를 비난해서는 안 된다.

감정적 껍질을 벗어 버리고 사람들과 어울리도록 하자. 자신의 감정을 상하게 되지나 않을까 하고 병적으로 생각하지 말고, 상대가 무엇에 흥미를 갖고 있는가를 생각하자.

제2장 요약
상대를 내 편으로 끌어들이는 방법

(1) 누구나 다른 사람에게 상처를 입지 않기 위해 방어 태세를 취하는 경향이 있다.

(2) 감정적인 사람은 근거 없이 괴로워하여 대인관계에서 느끼는 인생의 흥분이나 만족감을 맛볼 수가 없다.

(3) 만약 신경증의 원인을 알 수가 있다면(대개는 어렸을 때로 거슬러 올라간다) 사람은 자신의 껍질을 벗어 버리고 다른 사람과 협력할 수 있게 된다.

(4) 당신의 일을 생각하는 대신 상대편의 일을 생각하라.

(5) 사람들과 사귀고, 그들에게 미소를 보내며, 그들에게 먼저 접근하도록 마음을 써라.

(6) 일상생활의 습관을 깨트려라.

(7) 몸 둘레에 상대편보다 더 큰 둥근 선을 그려라. 당신을 내쫓으려는 감정적인 사람들에 대해서는, 당신의 둥근 선 안으로 끌어넣도록 하라.

3. 긴장 속에서 정신적인 여유를 찾는 방법

긴장 속의 여유는 효율을 배가시킨다

언젠가 우리는 호건에게 초대되어 권투 시합을 보러 갔다. 그는 그날 시합이 있는 부츠 마크니아의 트레이너로 있었다.

레프리가 두 선수를 링 한복판으로 데리고 나오고, 시합을 시작하는 공이 울릴 때, 호건이 불쑥 외쳤다.

"우리 부츠는 오늘 저녁 컨디션이 최고인걸!"

우리가 본 바로는 부츠는 결코 컨디션이 좋아 보이지 않았다. 그는 무릎에서 힘을 다 빼고 가는 팔 끝에 글러브를 낀 손을 축 늘어뜨린 채, 어깨가 처지고 머리를 너무 앞으로 내밀고 있어 턱이 가슴에 닿아 버릴 듯한 모습으로 그곳에 서 있었던 것이다. 마치 멍텅구리 오랑우탄같이 생겼다고 우리는 생각했었다.

"어떻게 컨디션이 좋다는 건가?"

우리의 물음에 그는 태연히 대답했다.

"아무 걱정도 없는 것처럼 태평해 보이지 않나."
그러더니 자신 있게 말을 이어 나갔다.
"두고보라구. 틀림없이 재빠르게 치고 들어가 보기 좋게 상대를 때려눕힐 테니까."
정말로 그 말이 틀리지 않았다. 부츠에게는 여유와 리듬과 타이밍이 있었으며 균형이 잡혀 있었다. 그의 잽은 번갯불처럼 재빨랐고, 푸트워크, 상대의 공격에 피하는 동작, 쳐들어가는 동작 모두 자연스러워서 보기에도 시원했다. 그는 시종 우세한 경기를 펼친 끝에 6회전에서 마침내 상대를 녹아웃시켜 버리고 말았다.
"이번은 부츠와 내게 있어 아주 중요한 시합이었다네."
호건이 나중에 나에게 이야기했다.
"부츠란 녀석, 시합 2,3주 전부터 초조해서 조바심하기 시작하는 거야. 긴장 때문이지. 긴장도 조금은 약이 되지만 지나치면 해롭지. 그래서 나는 요 며칠 동안 그를 안정시키는 데 고생했다네. 다행히 그는 내가 하라는 대로 잘 따라 주었어. 그렇게 해 보니, 그는 여유를 갖는다는 것이 얼마나 자기에게 유익한가를 깨닫게 된 거지."

라운드와 라운드 사이의 귀중한 순간에 이 복싱 선수는 천천히 마음을 편하게 갖는 것이다. 팔을 늘어뜨리고 팔과 어깨의 근육을 풀어 양다리로 상반신의 무게에 균형을 잡으려고 마음을 쓰고 있었다.
그의 트레이너가 그것을 가르치고, 그리고 그는 그 가르침대로 기력을 저축하여 시합이 다시 시작되었을 때, 힘을 회복할 수 있게 되었던 것이다.
골퍼, 수영 선수, 스케이트 선수, 테니스 선수, 그 밖에 활동적인 스포츠를 하는 사람들은 여유를 갖는 방법으로 힘이나 효율을 두 배 이상 배가할 수 있음을 알고 있다. 또 음악가나 연설자의 경우, 그리고 대장장이, 병사, 짐을 운반하는 사람 등 육체노동자의 경우도 마찬가지이다.

여유를 갖는 일은 리듬이나 타이밍이 생기는데, 이것은 활동하는 데 있어 없어서는 안 될 요소이다. 많은 사람들은 일하거나 놀거나 하면서 곧잘 노래를 한다. 여유, 리듬, 타이밍, 균형-이것은 경기를 할 때, 노동할 때, 또는 생활하는 데 중요한 요소이다.

권투 선수 부츠의 사건으로 나는 어떤 중년 부인이 생각났다. 내가 그녀의 초대로 즐거운 가정의 저녁식사를 함께 할 때의 일이었다.

그녀는 만찬에 초대한 손님이 와도 당황하거나 떠들거나 신경을 곤두세우거나 하는 일 없이 언제나 매우 기분 좋게 대접해 주기 때문에, 그 집에 초대되는 것은 즐거움의 하나였다. 요리하는 여자도 하녀도 없기 때문에 그녀는 식사 중 가끔 자리에서 일어나야만 했다. 그런데도 그녀는 당황하거나 너무 신경을 쓰거나 하는 것 같지 않았다. 그것은 이미 퍽 오래 전 이야기인데, 우리는 지금도 그녀의 가정을 편안히 휴식할 수 있는 천국처럼 생각해 보곤 한다.

반대로 신경질적이고 허둥대는 소심한 사람과 함께 있을 때, 당신까지도 진정할 수 없게 되는 것을 경험한 일은 없는가. 떠들어 대는 주인이나, 대수롭지도 않은 일에 주위를 불편하게 만드는 여주인은 모처럼의 파티도 따분하고 불쾌하게 만드는 법이다. 신경적질이고 까다로워 눈살을 찌푸리고 있는 그러한 사람과의 이야기가 즐거워질 리가 있겠는가.

대기업에서는 중간 계급의 간부급에 있는 사람들이 신경질적으로 크게 고함을 지르거나 명령을 내리는 데 큰 소리로 하지만, 회사의 책임을 맡고 있는 고위 간부급 사람들은 대개 말씨가 조용하고 여유가 있는 법이다. 유능한 최고 수뇌부의 사람들은 다급한 입장에 놓였을 때, 신경을 긴장시킬 만한 특별한 경우라도 매우 여유 있는 태도를 취하고 있다.

이 사람들은 두 가지 이유로 스스로 여유를 갖도록 힘쓰고 있다. 즉 외부의 압박으로부터 자기를 지킬 수가 있고, 또 자기들과 절충하는 상대의 심경을 가라앉히는 데 도움이 되기 때문이다. 또한 그 결과 감정적이 되지 않고 명쾌한 결단을 내려 주기 때문이다.

마음에 여유를 가지면 우리의 인품은 매력적이 된다. 그 때문에 사회적으로나 사업 면에서도 성공을 빠르게 하는 것이다. 또 그렇게 함으로써 우리의 일상생활은 원활하게 진행되고 건강도 좋아지게 된다.

여유가 안정과 절제력을 가져다준다

자신의 불안감을 너무 걱정해서는 안 된다. 사람은 태어나는 순간부터 불안을 짊어지고 있는 것이며, 또 사는 이유도 불안감에 의해 생기는 것이다.

사람들은 어린아이의 출생에 관하여 어머니의 괴로움만을 생각하지만, 같은 경험을 하는 어린아이의 괴로움에 대해서는 거의 생각하지 않는다. 어머니의 일부로서, 따뜻하게 보호된 장소에 아무런 고생도 없이 들어 있던 아이가, 전혀 다른 새로운 환경으로 밀려 나온다. 갑자기 새로운 세계에 내던져진 어린아이는 스스로 먹고, 자기 자신의 운명을 개척해야 할 개인으로서 생각하고 생활해야만 한다. 어린

아이는 이 새로운 세계에 순응하기 위해 한평생 더없이 고생을 하는 것이다. 이것을 생각하면 어른의 불안쯤이야 당연한 일이리라.

우리는 인생에서 만나는 새로운 문제를 인간으로서의 도전이라고 생각하자. 그렇게 하여 인생은 재미있어진다. 발전과 행복으로 향하는 길은 마음을 죄어 조바심을 하거나 마음을 괴롭히게 하는 일이 아니라, 문제와 맞붙어 그것을 정복하는 일이다.

다소 긴장하는 것도 경우에 따라서는 필요하다. 사람은 여유를 갖는 일이 중요하지만, 그렇다고 축 늘어져 버려서는 안 된다. 스탠포드 대학의 골프 코치인 에디 트위그스는 맨 처음 공을 칠 때, 다소 몸이 떨린 정도가 좋은 시합을 할 수 있다는 징후임을 언제나 되풀이하여 이야기를 해 주곤 한다.

배우나 연설자도 이와 똑같은 말을 자주 하고 있다. 고무(鼓舞)되는 감정이 사람을 자극하여 가장 좋은 성과를 가져오게 하는 것이다. 그러나 이 경우도 여유를 갖기를 잊어서는 안 된다. 여유와 건강의 조화가 안정과 절제력을 주는 것이다. 배우나 연설자는 여유를 갖지 않으면, 촌각(寸刻)을 다투는 타이밍을 도저히 측량할 수 없다는 것을 누구보다도 잘 알고 있다. 운동선수나 음악가도 마찬가지이다. 그러한 사람들은 여유, 리듬, 타이밍에 의해 육체적 · 감정적인 지배력을 얻을 수 있는 것이다.

갓난아기는 편하고 안전하게 안아 주는 사람에게 손을 내민다. 그들이 반항기에 처음으로 나타나는 반응의 하나는, 돌발적으로 신경질적으로 행동을 하는 사람들에게 반항하는 일이다. 그런데 '어른은 언제나 자라나고 있는 어린이와 같다' 라는 사고방식으로 보면, 신경질적으로 반응하는 자기 자신이나 다른 사람의 행동까지도 쉽게 이해될 것이다. 어른은 갓난아기처럼 신경이 과민한 사람들을 싫어하며, 다정하고 무던한 태도를 취하는 사람을 좋아한다는 것을 기억하라.

여유 · 리듬 · 타이밍은 일상생활의 사건과 부딪힐 때 생기는 것이며, 또한 우리의 모든 일상 행위 속에 잠재되어 있는 것이다. 거칠고 예측할 수 없는 행위를 삼가며, 행동이나 말씨를 의식적으로 절제하면, 그것을 행하는 본인에게 품격이나 위엄이 더해진다는 것은 누구나 잘 아는 사실이다. 바늘과 같은 민감한 신경을 갖고 있는 사람은, 자기 자신에 대해서나 다른 어느 사람에 대해서나 안정감을 줄 수 없다. 생활에 윤활유와 같은 흐름을 갖는 사람들은 함께 살아도 기분이 좋고, 또 인생으로부터 크나큰 기쁨을 얻을 수 있는 것이다.

여유, 리듬, 타이밍, 이 감각은 훈련에 의해 얻어지는 하나의 기술이다. 우리는 육체적인 면에서 여유를 갖는 일에 대해 연구를 해 왔는데, 두뇌의 이성적인 활동인 사고력을 작동하여 감정을 억제하는 정신적인 면에서도 여유를 가져야 한다.

사실 이 글 가운데에서 다루어지는 대부분의 문제는 정신적인 여유에 관한 것이다. 다음에 일상생활 속에서 정신적인 여유를 찾는 방법을 실례를 들어 말해 보겠다.

정신적 여유를 찾는 방법 1

첫째로 무엇보다도 중요한 일을 심리학자 윌리엄 제임스의 말을 들어 설명하겠다.

"만약 우리가 자기 자신 속에 있는 바람직하지 못한 감정적 경향을 고치고 싶다고 생각한다면, 우선 처음에는 냉혈한처럼 되어 우리가 훈련하고 싶어 하는 경향을 '외부 운동' 으로 옮겨야 하는 것이다."

'외부 운동', 이것을 간단히 말하면 다음과 같다. 우리가 '그랬으면 좋겠다' 고 바라는 태도를 목표로 설정하고, 그것을 행동으로 계속 옮겨 습관으로 몸에 익힌다는 것이다. 이것은 가장 중요한 일임으로 맨 마지막 장에서 다시 한 번 다룰 예정이다.

정신적 여유를 찾는 방법 2

둘째로, '감자껍질을 벗기는 데 가장 좋은 방법은 한 개씩 벗기는 일이다' 라는 확실한 원리를 생활에 채택할 것.

일에 쫓기고 있는 사업가는 이 원리를 채택하여 긴장 때문에 일어나는 흥분 상태에서 빠져나올 수 있었다고 말하고 있다.

그에게는 어떤 일이라도 한꺼번에 해내려는 버릇이 있었다. 이 때문에 아침에 사무실에 나오면 눈앞에 쌓인 일거리는 모두 10시 전에 처리해 버리기 위해, 자신도 허둥대고 곁의 사람들도 서두르게 하는 형편이었다. 그 때문에 자신도 이성을 잃게 되고 사무실도 혼란에 빠졌다. 그는 조급해서 걸핏하면 공연히 화를 잘 냈으며 곁의 사람들은 그가 요구한 불가능한 일 때문에 표시하지는 못했지만 속으로 분개하곤 했다.

시간이 흐를수록 업무가 꼬이게 되자, 그는 이 원인이 자신 때문이라는 것을 뒤늦게 자각하게 되었다. 이런 상황 속에서 그가 '한 번에 감자 한 개' 의 원리를 적용하기 시작했다. 해야만 하는 갖가지 업무를 그 중요성과 시간적인 순서에 따라 계획을 짜게 되었던 것이다.

그래서 그는 한 번에 한 가지의 일을 처리하고 나면 조용히 다음 업무로 넘어갔다. 물론 그렇다고 해서 해야만 할 일거리가 완전히 없어진 것이 아니다. 만약 그렇다면 일에 관해 그가 있을 필요가 없게 되는 것이다. 그러나 '한 번에 감자 한 개' 의 철학을 채택한 것은 활동적인 이 사나이에게 크게 도움이 되었던 것이다.

이에 관련하여 또 한 가지 중요한 일이 있다. '당장 그것을 처리하라' 는 것이다. 만약 불쾌하고 곤란한 일이지만 당신이 처리해야 할 일을 '그것' 이라고 한다면 당신은 보통 '그것' 을 미루고 그동안 내내 불쾌하여 마음을 쓰고 있을 것이다. 당신이 얼마나 늦게 행동하고 얼마나 속을 썩었는가에 따라 한 가지 일인 '그것' 을 그때마다 여러 번의 일로 만드는 결과가 되는 것이다. '그것' 을 지금 처리하여 문제를 해결해 버리도록 하라. 일이 불쾌하면 할수록 그것을 빨리 처리하면 불쾌함도 사라지게 된다.

정신적 여유를 찾는 방법 3

결단 때문에 다른 사람과 다투어서는 정신적 여유를 찾을 수 없다.

내가 잘 아는 어떤 부부는 우유부단한 결단을 하고는 서로 심하게 책하고, 앞에서 내린 결단을 취소하다가 부부생활을 엉망으로 만들어 마침내는 부부 사이에 허물 수 없는 벽을 쌓고 만 경우도 있다. 결단을 내리는 경우, 정신적 여유를 찾기 위해서는 오히려 확고하게 결단을 내려야 한다. 사소한 일로 언제까지나 속을 썩여서는 정신적 여유를 찾을 수 없다.

우리의 동료 가운데 이와 비슷한 사람이 있다. 그는 언제나 업무 보고서의 아무런 쓸모도 없는 일로 곁의 사람들과 논쟁을 하고는 속을 썩이고 있었다. 그 한 예를 들면, 라틴어 '퍼센탐' 을 편의상 생략한 '퍼센트' 라는 낱말 뒤에 마침표를 찍을 것인가 어떤가 하는 일이다.

'의미가 뚜렷하니까 그런 일에 신경을 쓸 필요는 없다' 고 그의 친구들이 충고했다. 그러나 그의 지나친 예민한 태도는 여전했다. 이 일에서 깨달아야 할 두 가지 점이 있다. 우선 말이나 문장의 관용적인 법칙을 안다는 것은 좋은 일이나, 그 법칙을 우리가 쓰는 것이지 우리를 쓰게 하는 것이 아님을 마음에 새겨 두어야만 한다.

다음으로, 인생의 어떠한 면에서도 조그마한 일로 다른 사람과 말다툼을 하거나, 섣부르게 조바심을 내서는 안 된다.

우리는 여러 가지의 과오를 범하면서도 200만 달러 이상의 재산을 만들어 낸 어느 활동적인 남자를 알고 있다. 그는 여유를 갖고, 인생으로부터 많은 즐거움을 맛보고 있었던 것이다. 결단을 내리는 경우에도 이런 상태였다. 그는 그 결단이 어떠한 방법으로 성취될 때까지는 매달리는 것이다. 그런데 그것이 성공하지 못한 채 끝나면 그는 미련을 두지 않고 더 이상 속을 썩이지 않았다. 그것이 성공하기까지 열심히 끈기 있게 추진한다는 태도였다. 그는 정력이 뛰어나게 왕성하여 언제나 자신이 범한 잘못을 타고 넘어 앞으로 나아가는 것이다.

결론적으로 말하면, 우리 앞에 놓인 일에는 두 가지 종류가 있다. 다시 말해서 다루기 쉬운 것과, 다루기 어려운 것이다. 현명하고 행복한 사람은 다루기 쉬운 것을 다루는 데 전념하여 다루기 어려운 일로 속을 썩이는 일은 없다. 인생에 비참한 일이나 혼란이 일어나는 것은 대개 쉽사리 다룰 수 있는 일을 소홀히 하고, 다룰 수 없는 일을 다루려고 하기 때문이다.

정신적 여유를 찾는 방법 4

웃음의 중요성을 알라.

웃는 일 이상으로 사람을 편안하게 하는 것은 없다. 웃으면 신경의 긴장으로 단단히 죄어져 있더라도 기분 좋게 흥분되는 법이다. 자연스럽게 잘 웃는 습관을 기르라. 웃는 사람은 절대로 속을 썩이지 않는다. 당신이 웃고 있을 때에는 불쾌한 것을 생각하는 따위는 사실상 생길 수 없기 때문이다. 웃는 사람은 거의 말다툼을 하지 않는다. 웃으라. 그리고 건전하게 생활하도록 하라.

'정신과 육체의 양면에 영향을 미치는 인간의 모든 기능 가운데에서 웃음이 무엇보다도 지대한 것이다' 라는 말이 있다. 이에 대해 크리스토퍼 하프란드 박사는 다음과 같이 설명하고 있다. "웃음은 순환(循環)과 발한(發汗) 작용을 도와 모든 기관(器官)의 강화라는 의미로서 원기를 회복하는 효력이 있다."

정신적 여유를 찾는 방법 5

'노여움을 폭발하라 하는 것' 같은 잘못된 격정에 말려들기 전에 잘 생각해 보라. 성내기 시작하면 한층 더 계속 성내고 싶어지기 마련이다. 그렇게 된다면 사태는 더욱 악화될 것이다.

윌리엄 제임스가 제시하고 있는 다음의 방법을 사용하면 정신적 안정을 찾을 수 있을 것이다,

"우리가 격노하게 될 때 노여움의 표현을 되풀이하여 돌발하게 하면서, 어떻게 서서히 흥분되어 격정에 달하는가 하는 것은 잘 알 수 있다. 당신이 성내려고 하기 전에 열쯤 숫자를 세어 보라. 그렇게 하면 성내는 것이 바보스러워진다."

정신적 여유를 찾는 방법 6

여섯째, 인생에 도움이 되는 유익한 말을 당신의 마음에 새겨 두도록 하라.

다음과 같은 말은 사람의 사고방식을 좌우한다. '고요함', '평화',

'화해', '너그러움', '유쾌함'과 같은, 마음을 편안하게 하는 말을 기억해 두어라. 그러나 그것을 고압적인 세일즈맨처럼 스스로에게 너무 혹독하게 강요해서는 안 된다. 다만 이러한 말을 기억하고 있기만 하면 되는 것이다.

사람은 '나는 신경질적이다'라느니, '과민증이다'라느니, 또는 '괘씸한 녀석' 따위로는 결코 생각하거나 말해서는 안 된다. 잠재의식에 있는 마음은 이러한 감정이나 격한 말을 채택하여, 자신도 모르는 사이에 자기 자신을 그렇게 생각해 버리거나 그와 같은 태도를 상대에게 취하는 법이다. 그러므로 좋은 말의 리스트를 써서 당신이 날마다 사용하는 거울 구석에 붙여 두도록 하라.

정신적 여유를 찾는 방법 7

식사는 즐길 일이지 걱정거리가 아니다.

만약 당신이 어떤 음식이 마음에 걸려 꺼림칙한 것이 있으면 그것을 먹어서는 안 된다. 만약 그것을 당신이 먹었다면 걱정해서는 안 된다. 서두르거나 걱정하거나 지치거나 했을 때에는 결코 식사를 해서는 안 된다. 자는 시간과 식사하는 시간은 완전히 마음도 몸도 편안하게 해야 할 시간인 것이다. 트러블을 잊고 식사나 휴식을 즐기도록 해야 한다.

배터리에 충전을 하려면, 자연은 이와 같은 순수한 시간을 요구하는 것이다. 만약 우리가 자연의 법칙을 소홀히 하면 나중에 크나큰 대가를 치러야 한다. 우리의 감정은 곧 상대에게 반영된다. 일이 잘 되지 않을 때나 건강 상태가 좋지 않을 때에는, 우리의 인간관계는 복잡해지는 것이다. 그러므로 실내에서 일하는 사람들은, 만약 할 수만 있다면 날마다 문 밖에서 조금이라도 육체적 단련을 하도록 해야 한다. 그런데 이 단련도 폭식과 마찬가지로 자기 몸을 혹사시켜 가면서까지 할 필요는 없다.

위의 7가지 제안은 일상생활에서 할 수 있는, 정신적 안정을 찾기 위한 방법이다. 만약 인간의 괴로움이 주로 무엇에서 유래되는가를 조금이라도 깊이 생각해 보면, 우리는 이 제안을 잘 이해하여 우리 생활에 채용할 수 있을 것이다.

최근호의 〈새터데이 이브닝 포스트〉 지에서 밀턴 실버맨은 다음과 같은 글을 썼다. 이 글을 보면 일상생활에서 정신적 안정을 찾는 일이 얼마나 중요한 일인가를 알 수 있을 것이다.

"미국에는 자신에게 정신적인 질환이 있다고 생각하고 있는 사람들이 500만 가까이 되는데, 그들은 모두 자기 공포심이나 자기 고민의 희생자이며 병적인 초조감의 희생자이기도 하다. 또 무언가에 실패했기 때문에 건강을 해친다는 예가 해마다 늘어 가고 있다. 이 실패란 사람들이 이겨 낼 수 없었던 상태, 다시 말해서 사회적 · 도덕적 기준에 어긋나는 욕망이나 자연의 과정이 원인이 되어 있는 것이다.

정신병 환자와 정신 병리학자의 수는 해마다 늘어 가고 있다. 베이요 진료소의 월터 C. 알바레츠 박사의 말을 인용하면, '의사는 모두 바라건 바라지 않건 간에 정신 병리학을 알아야 한다'는 말은 그 현상을 방증(傍證)하고 있는 것이다. 그리고 가장 뛰어난 의사는 과거에 있어서도 실로 정신 병리학에 정통했던 의사였던 것이다."

성공에 압박되지 말라

누구나 성공했으면 하고 기대한다. 그래서 거의 모든 사람은 성공한다는 것에 압박감을 느끼고 있다.

'성공한다는 것은 어떤 일인가?' 그는 이렇게 스스로 질문하지만, 자신에게 바라고 있는 요구의 어느 것을 보아도 만족한 답이 얻어지지는 않기 때문에 계속 자신을 압박하다가 실패를 초래하기에 이르는 것이다.

'존스 집안사람들에게 주눅들지 말자', '좋은 어버이가 되자', '부자가 되자', '연예계의 스타가 되자', 이 다종다양한 압박은 신경을 긴장하게 하여 사람을 실패로 이끌어 간다. 우리는 온갖 면에서 다 성공한다는 것은 불가능하다는 것을 잘 알고, 이 압박으로부터 빠져나오도록 하자.

우리가 이상으로 하는 목적을 실현 가능한 선에서 정하기로 하자.

이 목적을 정하기 위해서 우리는 주위의 아는 사람을 연구해 볼 필요가 있다. 자기가 알고 있는 한에서 가장 행복하고 마음이 편안한 사람들의 특징은 무엇인지, 또 그들의 인생관이나 인생행로를 어떻게 하면 받아들일 수 있는가 등을 연구하면 된다. 그리고 '이것이다' 하고 생각되는 두서너 가지의 목적을 정하여 그것을 향해 적극적으로 끊임없는 노력을 하도록 하라. 너무 여러 가지 목적을 달성하려고 자신의 신경을 괴롭혀서는 안 된다.

이와 같이 자기 자신에 대하여 너무 많은 것을 바라지 않도록 유의해야 하므로, 다른 사람에 대해서도 또 너무 많은 것을 기대하지 않는 편이 좋다. 인간의 완전성을 기대하지 않는 편이 좋다. 인간의 본

성을 그대로 받아들이면 된다. 인간이란 완전히 되어 있는 것도 아니고, 언제나 합리적인 것도 아니다. 또 언제라도 최선을 다하여 행동한다고 할 수도 없는 존재인 것이다.

그러니까 이러한 상황을 잘 이해하여 현실적인 방법으로 보고, 알맞게 사람들과 함께 생활하며, 일하고 놀도록 하라. 우리의 아내와 남편, 친구, 동료들의 불합리한 점이나 결점을 못 본 체하고 넘기는 습관을 들이면, 우리는 여유를 갖게 되고 즐거워진다. 그러는 한편 그 사람들을 온화하게 대할 수 있으며 그들을 위하여 기꺼이 일도 할 수 있게 된다.

인생이란 평형의 원리로 전진한다

대부분의 사람들은 사업에 실패하거나, 가족의 요구를 채워 줄 수가 없기 때문에 좌절감으로 괴로워하고 있다. 대부분의 부모들은 아이들의 발전을 막는 일임을 알면서도 어린이를 가정에 잡아 두고 싶다는 어쩔 수 없는 욕망을 지니고 있다. 이러한 이기적인 욕망과 도덕심과의 갈등 때문에 사람들은 여러 가지 고민들이 생기는 것이다.

우리는 이러한 갈등을 해결해야만 한다. 그러려면 우선 우리가 자기 나름의 철학-다시 말해서 자신이 실행할 수 있을 것 같은 행위에 대한 실제의 계획을 세워야만 한다.

여기에 평형(平衡)의 원리가 등장한다. 실제 조사 결과, 통계적으로도 사람이 평형을 잃으면 반드시 재난이 닥쳤다. 극단으로 달리지 않도록 하고, 중용(中庸)의 길을 가도록 노력하라.

그런데 중용의 도 그 자체가 언제나 반드시 도리에 맞는다고는 할 수 없다. 가끔 사람은 극단적인 길을 걸어가야 할 때가 있다. 말이 나왔으니 말이지만, 만약 발명가나 각 방면의 천재와 같은 사람들이 극단적인 길을 걷지 않았다면 인류는 현재의 진보를 이루지 못했을 것이다.

어쨌든 평형의 원리는 우리가 행하는 모든 행위에 잠재하고 있다. 이를테면 인간관계에서, 우리는 인간이란 모두 어떤 공통된 특질을 갖고 있다는 사실과 인간은 각자 저마다 다르며 저마다의 개성을 가진 개인으로서 다루어져야 한다는 반대의 사실과 평형시켜야만 하는 것이다.

그래서 우리는 다른 사람에 대하여 깊은 이해를 가져야만 하며, 더욱이 의연한 태도로 대해야 하는 것이다. 인간의 갖가지 행동 가운데서 웃는다는 것은 건전한 일이나, 언제나 큰 소리로 웃기만 하는 사람은 다른 사람들이 좋아하지 않으며 넌더리를 내게 되는 경우가 있다. 그러므로 우리는 분별력을 갖고, 평형을 유지하도록 해야 한다.

인생에는 10% 진실인 것, 절반 진실인 것, 75% 내외가 진실성이 있는 것 따위가 많다. 그러니 거의 진실 그 자체라고 단언할 수 있는 것이 과연 있는가 없는가에 대해서도 우리로서는 단언할 수가 없다.

설령 100% 진실이라고 해도 어떻든 간에 서서히 변화되어 가는 것이다. 아인슈타인은 그의 상대성 원리에 의해 진실의 개념을 변화시켰다. 더욱이 그 새로운 진실은 지금도 움직이고 있는 것이다.

그러므로 우리는 이미 발견된, 또는 아직 발견되어 있지 않은 갖가지 진실과 발을 맞추어 변화해야만 하는 것이다. 마치 의사가 설파제(sulfa劑: 세균성 질환의 치료제)를 쓰기 시작하고, 이어 페니실린을, 그리고 다음에는 그 뒤에 발견된 각종 의약제를 쓰는 것과 마찬가지 일이다.

그러나 현재로는 이미 낡았다고 생각되고 있는 설파제가 새로운 약품과 동시에 아직도 쓰이고 있는 현실도 빼놓지 않고 주목해야 한다.

우리는 사물을 매우 정면으로 표현하는 일이 너무 많은 것 같다. 만약 어떤 일이 좋지 않으면 실패했다고, 또 어떤 사람이 좋지 않으면 그가 나쁘다고 잘라 말해 버리기 쉬운 것이다. 그러나 실제로는 사물이라는 것, 또는 인간이라는 것은 검지도 않고 희지도 않다. 인생이란 여기저기에 흰 것과 검은 반점(斑點)이 있는 회색의 크고 넓은 들판과도 같은 것이다.

우리는 또 어떤 사람에 대해서는 탁 털어놓고 노골적으로 표현해 주기를 바랄 때가 많다. 이를테면 환자는 검진이 끝난 뒤, 의사에 대하여 "당신은 말라리아입니다. 키니네를 드리겠습니다. 틀림없이 낫습니다" 하고 감추지 않고 자신에게 말해 주기를 바란다.

그러나 정말로 과학적 양심이 있는 의사는, "당신은 증상으로 보아 말라리아에 걸렸습니다. 키니네를 처방하겠습니다. 이 약의 약효는 이미 임상경험으로 증명됐습니다" 이렇게 말하는 이상은 말하지 않는다.

인생이란 언제나 전진하는 것이다. 걷는다는 것은 사람이 한쪽이 넘어질 것 같아서 균형을 잡기 위해 다른 한쪽 다리를 앞으로 내놓고, 다음에 또 반대쪽으로 넘어질 것 같아져서 그 반대쪽 다리를 내놓는 것이라고 말하고 있다.

잘못과 실수란 이렇게 끊임없이 바르게 고쳐질 것이지만, 그러나 중요한 것은 그러면서 사람은 언제나 전진하고 있다는 사실이다.

제3장 요약

긴장 속에서 정신적 여유를 찾는 방법

(1) 여유를 가질 것, 여유에서 생기는 리듬 · 타이밍 · 밸런스 따위는 건강을 유지하고, 대인관계를 원활하게 하여 정신의 편안함과 평화를 얻기 위한 필수적인 요소이다.

(2) 약간의 긴장은 유익하며, 일을 완수하는 자극제가 된다.

(3) 감자껍질을 벗기는 데 가장 좋은 방법은, '한 번에 한 개씩' 벗기는 일이다.

(4) 지금 당장 해야 할 일을 '그것'이라고 하면, '그것'을 지금 시작하라. 그리고 '그것'을 다 해 버려라.

(5) 작은 일을 결단하기 위해 조바심해서는 안 된다.

(6) 단호한 결단을 내린다. 그리고 최선을 다하라. 그 결과가 좋지 않게 되었을 때에는 미련을 두지 말라.

(7) 웃는 사람은 스스로 마음을 편하게 할 수 있는 사람이다.

(8) 한 번 화내면 계속 화내게 된다. 되풀이되는 노여움의 악취미에 빠져서는 안 된다.

(9) 걱정거리를 식사시간이나 잠자리에까지 갖고 들어가지 말라.

(10) 인간이 가지고 있는 상반된 욕망을 이해하고, 평형을 유지하도록 적극적으로 노력하라.

4. 결혼생활을 행복하게 하는 방법

아내나 남편이나 상대에게 바라는 것은 같다

어째서 수많은 선의(善意)의 사람들이 결혼생활에 실패하는 것일까?

이렇게 질문하는 것보다도 더 중요한 것은, 인간관계에 대해 생각해 보는 일이다. 그것은 즉 결혼생활이 행복한가 불행한가에 따라 우리가 좋아하는 사업을 하는 데 성공 여부와 그 밖의 인생 각 방면의 성공이 크게 좌우되기 때문이다.

그럼, 이 복잡한 문제에 대해 우리가 얼마나 이해하고 있는가, 어떤가를 조사해 보자. 우선 다음의 질문부터 시작하기로 하자. 남성 또는 여성은 결혼생활에 무엇을 바라며, 무엇을 바라지 않는가?

조사 결과에 따르면 우리 여성들이 바라는 것을 5가지로 크게 분류할 수 있었다.

(1) 자녀. 기본적인 조건이기는 하나, 처음에는 별로 또는 전혀 바라지 않는다.
(2) 육체적 애정과 사회인으로서의 결합
(3) 개인으로서 인정받고, 친절하게 대우받고 싶다.
(4) 정신적, 물질적 보증—다시 말해서 가정, 은행예금.
(5) 공통된 목적을 가지고, 남편과 함께 일하고 놀고 행동한다.

남성 측을 조사한 결과는, 당신을 놀라게 할 것이 틀림없지만, 남성도 또한 근본적으로는 같은 희망을 가지고 있었다. 물론 여러 가지 희망에 관해 중요성을 느끼는 정도는 다르지만, 결혼 관계에 대해 필요한 근본 조건은 여성의 경우와 완전히 같았던 것이다.

반대로, 남성과 여성 각자의 결혼 상대에게 느끼는 주된 결점은 무엇이라고 생각하는가. 미국 여론조사회 회장 조지 갸랄 박사는 이에 대해 전국적인 조사를 했다. 남편이나 아내의 답을 그들이 중요하게 느끼고 있는 순서로 다음에 열거한다.

아내가 본 남편의 주된 결점

(1) 술을 마신다.
(2) 아내를 생각하는 고마운 마음이 없다.
(3) 이기주의
(4) 폭력, 독재
(5) 다른 여성 관계
(6) 인색하다.
(7) 가정에 관심이 없다.

(8) 아내의 호의를 당연하다고 생각한다.
(9) 불평이 많다.
(10) 비판한다. 도박, 흡연

남편이 본 아내의 주된 결점
(1) 잔소리가 심하다.
(2) 사치스럽다.
(3) 가정에 관심을 두지 않는다.
(4) 유흥가에 드나들며 음주
(5) 너무 바깥으로 나도는 것을 좋아한다.
(6) 이기주의
(7) 가정 외의 일에 너무 관심이 크다.
(8) 폭력, 독재
(9) 정숙하지 못하다. 꼼꼼하지 못하다.
(10) 다른 남성 관계

여기서 결혼에 대해 '바라지 않는' 일은, '바라는' 일과 마찬가지로 남녀 모두 놀랄 만큼 비슷하다. 어떤 싫어하는 일에 관해서는 그 강약의 도가 다르기는 하지만 실질적으로는 성을 불문하고 일치하는 것이다.

그러므로 남성과 여성은 서로에 대해 다르지 않다는 것이다. 남성과 여성은 생물학적으로나 감정적으로나 성격상으로나 아주 닮은 존재다. 그들이 나가는 방향이 다른 것은 대부분 환경 탓이다. 즉 각자가 해결해야 할, 또는 정리해야 할 문제의 질이 다르기 때문이다. 그러므로 여성이 연약하다는 따위의 생각은 바야흐로 버려야 한다.

그런데 남성과 여성이 이렇게 같은 생각으로 결혼을 바라고 있는데, 어째서 결혼생활에 남녀간의 다툼이 이토록 많을까?

상대의 입장에서 생각하고 행동하라

우선 베티와 짐의 경우를 들어 보자. 두 사람은 전형적인 활발한 젊은이이며 취미도 댄스, 수영, 파티 따위로 일치되어 있다. 그들은 수준이 같은 가정에서 자라났으며, 비슷할 정도의 교육을 받고, 공통된 취미를 가지고 있다.

심리학자의 말로는 이토록 좋은 결합은 없다는 것이다. 그것은 즉 양극단의 사람이 서로 끌어당기는 경우도 있지만, 비슷한 사람끼리의 결혼은 더욱 성공률이 높기 때문이다.

베티와 짐은 점차로 육체적으로 애정이 깊어 가서, 두 사람은 서로 힘을 합쳐 한몸이 되는 행복을 맛보았던 것이다. 이런 즐거운 생활이 수년 동안 계속되었다.

그런데 짐이 사업에 열중하기 시작했다. 이것은 남성에게는 공통된 일이고, 장래에 대비하여 노후를 보장하려고 하는 강한 충동이며, 남성에게 자연히 주어진 욕구인 것이다.

짐은 그 때문에 결혼기념일도 잊고 생일조차도 잊어버렸다. 밤을 새워 일하게 되었기 때문에 가끔 파티에도 갈 수 없는 일이 많아졌다. 철학자 윌 듀런트의 말을 쓰면 '건성으로, 알맹이 없는 착실성'으로 아내를 사랑했던 것이다. 옛날의 정열은 점점 퇴색되어 갔다.

어느 날, 베티가 500달러짜리 모자를 사들고 집에 들어왔다.

"원, 정신이 없구려. 우리가 애써 가며 저축을 하려는 판인데, 그런 모자

하나에 어쩌자고 그렇게 큰돈을 들인단 말이오?"

짐의 말에 베티가 이렇게 쏘아붙였다.

"그렇게 쩨쩨하게만 굴지 마세요."

곧 그 둘은 이 일이 발단이 되어 결혼한 후로 싸움이라는 것을 처음 하게 되었다.

그런데 베티가 이렇게 값비싼 모자를 산 것은, 어떻게든지 남편의 식어버린 애정을, 동정을, 감사를, 친절을 다시금 옛날처럼 되찾고 싶었기 때문이었다.

짐으로서 보면, 그녀는 분수에 맞지 않는 짓을 하고 있다는 마음이 들었다. '나는 노예처럼 일하고 있지 않은가. 분명히 베티는 내가 얼마나 자기를 사랑해 주고 있는지도 잊고 있고, 또 내가 나 혼자만을 위해서가 아니라 그녀와의 노후를 위해 이렇게 열심히 일하고 있는 것도 잘 모르고 있을 것이다' 라고 생각하게 됐다.

그러나 베티의 마음 밑바닥에는, 애정이 넘치는 편지에 곁들인 붉은 장미 선물, 새로 만들어 입은 드레스에 대한 칭찬 등등 일상 행위에 대한 진심 어린 관심을 가져주었으면 하는 아쉬움이 깔려 있었다. 그들은 모두 이 싸움이 금전상의 것이라고 생각하고 있었으나, 원인은 그보다도 훨씬 깊은 곳에 숨어 있었던 것이다. 결국 두 사람의 결합은 깨어져 버리고, 서로 다른 길을 향해 걷기 시작했던 것이다.

우리는 결혼한 남성이나 여성이 인간이라는 것을 결코 잊어서는 안 된다. 결혼생활에서도 그들은 인간으로서 행동한다. 그러므로 인간의 근본적인 욕구가 채워지기를 바라기 마련이다. 그들은 언제나 그렇게 한다는 것은 아니지만, 매우 충동적으로, 좋은 일이건 나쁜 일이건 상대에게 보복을 하는 것이다. 한쪽에 어떤 결핍이 있으면, 그에 의해 괴로움을 받거나 상처를 입은 자는 그와 똑같은 결점으로 상대에게 보복할 것이 틀림없다. 이런 반복 행위가 사태를 한층 더 나빠지게 하는 것이다.

그럼, 이러한 사태가 일어나는 것을 막고, 한쪽의 인간에게 그가 잘못을 저지르고 있다는 것을 깨닫게 하려면 어떻게 하면 되겠는가?

내가 잘 알고 있는 어느 아내는, 남편에게 콧구멍을 후비는 버릇이 있는데, 그것을 그녀는 몹시 싫어했지만 남편에게 그 말을 할 수 없었기 때문에 이혼하고 말았다고 한다.

남편과 아내가 서로 감추거나 주저함이 없이 모든 것을 다 털어놓는다는 것은 매우 필요한 일이다. 처음에는 각자가 상대편의 불쾌한 행동에 대해 서로 이야기할 것이 틀림없고, 그것은 충분히 이해해야 하는 일이지만 이렇게 해서 이해되는 일은 유감스럽게도 거의 없다. 누구나 속으로는 자신을 위해 충고를 하는 것을 싫어하는 법이다. 남편과 아내의 사이가 참다운 이해로 맺어져 있는 일이 거의 없다는 것은 불행하게도 사실이다.

그래서 솔직함보다 더 좋은 제안을 내 보겠다. 훌륭한 인간관계를 만들기 위한 기본적인 원칙, 즉 '다른 사람의 욕구나 흥미에 따라 생각하고 이야기하며 행동하라', 역시 부부관계에서도 이 법칙은 엄연히 적용된다.

만약 당신의 남편이나 아내가, 당신의 친절을 무시하거나 가정 밖의 일이나 다른 사람에게 지나친 관심을 갖는 일이 있으면, 침착하게 마음을 가라앉히고 그 원인을 생각해 보라.

그 또는 그녀가 폭력적인 태도를 취하는 경우에는, 대화의 재료를 즐거운 것으로 바꾸어 온화하고 즐겁게 이야기를 하라. 상대가 무언가 좋은 일이나 유익한 일을 했을 때에는, 당신은 진심으로 칭찬을 보내야만 한다.

500달러짜리 모자를 산 아내의 남편은 어려울 것이 틀림없겠지만, 아내는 남편을 위해 매력적으로 보이려고 노력했던 것이다. 장미꽃을 한 다발 그녀에게 선사한다든가, 옛날처럼 그녀를 데리고 저녁식사를 같이 하러 나간다든가 했어야 하는 것이다. 물론 레스토랑에서 식사를 한다는 것은 직업상 바깥 음식을 먹어 온 남편으로서는 지긋지긋할 만큼 싫증이 나 있을지도 모르고 경비도 많이 들 것이다. 그러나 까닭이나 이유야 어떻든 간에, 아무튼 그렇게 해야 하는 것이다. 냉정하게 생각하면 시간적으로나 경제적으로나 그러는 것이 좋다는 것을 알 수 있을 것이다. 이렇게 몇 번 되풀이하여 그녀의 채워지지 않은 욕구에 응하면, 두 사람은 다시금 의기투합할 것이 틀림없다.

당신이 상대 즉 남편 또는 아내로부터 심한 취급을 받았을 때, 이를테면 잔소리를 심하게 하거나, 매일 술을 많이 마시고 들어온다거나 살림은 돌보지 않고 사치를 하거나 또는 바깥에서 살다시피 외박할 경우, 남편이나 아내는 다른 관계에 있는 다른 사람들처럼 배우자에게 보복하기 마련이다. 주의해야 할 것은 그들이 무의식적으로 일상에서 복수를 하고 있는 일이다. 감정의 반작용이다. 그들은 결과까지 잘 생각한 뒤에 의도적으로 당신에게 보복하는 것은 결코 아니다.

결혼생활에 대한 기본 조건은, 다른 인간관계의 경우와 마찬가지로 상대의 입장에서 생각하고, 이야기하고, 행동하는 것이다.

역경을 극복하고 함께 봉사하는 동반자

부부관계에서 무관심만큼 무서운 것도 없다. 결혼생활을 암초(暗礁) 위로 올려놓게 하는 것은 다른 어떤 원인보다도 이 무관심이다.

무관심의 정반대는 상대방에게 보이는 적극적인 원조이다. 내가 잘 알고 있는 매우 행복한 한 쌍의 부부를 예로 들어 이야기해 보겠다.

로저 사자란드가 제1차 세계대전에서 돌아왔을 때, 그는 장님이 된 데다가 신경장애에 걸려 있었다. 북 프랑스의 상공을 비행하고 있을 때, 그의 비행기가 적의 공격에 격추되어 그는 독가스가 흐르고 있는 들판에서 심한 화상을 입고 눈을 다치고 만 것이다.

약혼녀인 애스터는 그가 돌아오자 언제나 옆에 붙어 있으면서 그를 격려하여, 수술을 받게 했다. 그는 건강만은 회복했으나, 안타깝게도 시력은 회복되지 않았다.

입대 전 그의 계획이 대학 입학이었으므로, 애스터는 그의 꿈을 이루어 주려고 마음먹었다. 두 사람은 결혼했다. 그로부터 그녀는 그와 함께 학원 강의를 들었으며, 노트에 필기했고, 텍스트를 큰 소리로 읽어 그에게 들려주곤 했다. 그녀는 그가 대학 입학 준비부터 졸업할 때까지 그렇게 그를 위해 읽어 주었던 것이다.

로저가 학위를 받을 무렵 그의 몸은 정상으로 되돌아와 있었다. 다행히 시력도 조금씩 회복될 조짐을 보이고 있었다. 그는 보험회사에 입사하여 생활도 넉넉해졌다.

로저와 애스터는 매우 활발한 사람들이었다. 로저가 영화를 볼 수 없기 때문에, 대신 그들은 파티나 강연회에 나가기로 했다. 그들 사이에는 아기가 없었으나, 동네의 이웃 어린이들 모두가 그들을 부모처럼 따랐다. 그들은 곧잘 웃었으며, 또한 다른 사람들을 위해 도움이 되는 시간을 될 수 있는 대로 많이 내려고 애썼다. 그렇다고 해서 그들은 결코 고난의 길을 택하는 순교자처럼 삶을 희생하지는 않았다. 특히 로저는 서민적이며 유쾌한 유머 감각이 풍부해서, 재미있는 이야기를 잘해 마을 주민들에게 인기도 높았다.

우리가 아는 한, 가장 행복한 사람들은 이와 같이 함께 역경을 극복한 사람들인 것이다. 그리고 또 서로 봉사하고 다른 사람들에게도 봉사하는 사람들, 유머를 이해하는 마음을 갖는 용감한 사람들인 것이다.

보답이냐, 보복이냐, 말 한마디에 결정된다

조금만 깊이 생각하면, 불필요한 말다툼이나 논쟁으로 결혼생활이 중도에서 잘못되는 것을 피할 수 있을 것이다. 깊이 생각한다는 것은 순간적으로 말하고 싶은 것을 말해 버리지 않고, 그 말을 하면 어떤 결과가 되는가를 한번 생각해 보는 일이다. 그 예를 다음에 들어 보겠다.

조는 별로 기분이 좋지 않은 듯한 모습으로 아침식사를 하려고 자리에 앉았다. 그러자 이 모습을 본 제인이 말했다.

"당신 이마, 고깃덩어리 자르는 도끼에 베였어? 정신은 어따 두고 면도를 한 거야?"

이런 말에 대해 대체 조는 뭐라고 대답하겠는가. 만약 그가 "원 참, 당신도. 그럴 리가 있소?" 하고 말하면, 제인은 아마 틀림없이 이렇게 쏘아붙일 것이다. "아냐. 그렇지 않아. 당신, 꼭 정신 나간 사람처럼 보여!" 그리고 싸움이 시작될 것이다. 또 만약 그가 "그래, 맞았어. 난 정신 나간 사람이야" 이렇게 말하고, 그 원인을 말하기라도 하는 날에는 상황은 더욱 나빠질 것이다.

그가 마음속으로 생각하고 있었던 것은 이런 것이다. '아아, 힘들어. 난 지난밤 심한 소화불량으로 고생을 했다. 어제는 여러 가지로 괴로운 날이어서, 나는 지칠 대로 지쳐 집에 돌아왔다. 이 일을 당연히 아내는 알았을 테니까, 저녁식사에 햄말이에다 캐비지 같은 걸 내놓지 말고 좀 더 날 위해 정성이 들어간 반찬을 주었더라면 좋았었잖아? 약을 먹는 것이 한밤중인 1시였지만, 조금도 듣지 않더군. 오늘 아침에는 좀 신경이 쇠약해진 것 같아. 그런 바람에 그 들지 않는 면도칼로 네 군데나 베이고 말았어. 뱃속에서는 전쟁이라도 난 것처럼 끓어 대고, 입맛은 소태를 씹는 것 같아.'

이런 말을 마음속으로 싸늘하게 중얼거리면서, 또 필사적으로 자제하며 그는 이렇게 생각하고 있었다. '제발 나를 혼자 있게 해 내버려 둘 수는 없을까!'

그렇지만 제인은 남편의 마음을 눈치 채지 못하고, 귀찮도록 따라붙어 다니며 어찌 된 일이냐고 물어 댔다. 마침내 조는 '다녀오겠소' 하는 말도 하지 않고 문을 쾅 닫고는 집을 뛰쳐나와 버리고 말았다.

저녁때가 되자 그의 기분은 좀 풀어졌으나, 골치 아픈 집안일이며 게다가 남자들의 할 일인 자동차 세차도 해야 하는데, 아이들은 떠들며 돌아다니고 내일까지 제출해야 할 잔무는 아직 반도 끝내지 못했다……. 지금 그는 녹초가 되도록 지쳐 있었다.

그렇지만 그녀는 조처럼 싸늘한 침묵을 지키고 있지 못했다. 그녀는 그날 쌓였던 스트레스를 모조리 험악한 표정으로 신경을 날카롭게 곤두세워 높은 쇳소리로 마구 지껄여 댔던 것이다. "아무리 피크가 귀엽다 해도……."

마침내 조가 더 이상 참지 못하고 외쳤다.

"나는 대체 밤바다 바늘방석 같은 집으로 돌아와야만 한단 말이오!"

그리고 그 때문에 또 한바탕 싸움을 하게 되는 것이다.

그런데 이 대답은 어떻겠는가. 소리 없는 사람이 조용히 해결한다는 것은 극히 당연하다. 그다지 말을 하지 않는 편이 좋은 것이다. 다만 가볍게 동정을 보인다. 이를테면 '당신 고생을 잘 알고 있어' 라고 하는 것처럼 상대편의 뺨을 톡톡 가볍게 두드린다거나, 양팔로 그녀를 다정하게 안아 준다거나-극히 가볍게 알았다고 하는 동작을 하면 되는 것이다. 그리고 자연스럽게 이야기를 되돌려, 평범한 소재를 골라 다정한 말씨로 하면 되는 것이다.

그렇게 하는 것은 어려운 일일까? 분명히 그럴지도 모른다. 그러나 잘 생각하여 그러한 현명한 태도를 취하면 크나큰 보수가 주어지는 것이다.

결혼생활에서 또 한 가지 나쁜 것은 권태이다. 이것을 피하려면 습관을 깨트리는 것이 가장 좋다. 설사 당신이 야구에 대해 흥미를 갖고 있지 않더라도, 밤에는 이따금 야구 시합을 구경하도록 하라. 음침하게 신문 따위를 읽고 있는 남편을 안락의자에서 끌어내리도록 하라. 밉살스러운 존 부인과 40분간이나 긴 통화를 하고 있는 아내의 전화를 간단히 끊게 하라. 그리고 설사 비가 오더라도 함께 산책을 하라. 그렇지 않으며 해변이나 호숫가를 드라이브하여 거리의 경치라도 바라보는 것이 좋다.

아무튼 상상력을 움직여 권태에 빠진 함정에서 빠져나와야 한다. 그래서 결혼생활이라는 우울한 일상생활에 조금이라도 신선하고 새로운 색깔을 칠하도록 하라.

행복에의 길을 걷게 하는 일심동체

갸랍 박사는 '결혼생활이라는 고약(膏藥)에 앉은 독파리는 질투' 라고 말하고 있다. 질투는 당연한 것도 있지만, 명분이 서지 않는 질투는 결혼생활에 있어 가장 해를 끼친다. 이러한 질투는 '다른 여성' 이나 '다른 남성' 에게 그 칼끝을 돌리지는 않는다. '나의 남편' 또는 '나의 아내' 에게 칼끝을 돌리는 것이다.

어떤 아내는 남편의 일에 질투를 느끼는 것이다. '그는 나보다도 일을 소중히 안다' 라고. 그러나 아내는 남편이 장래를 위해 그 길을 개척하고 있는 것이며, 그러기 위해서는 매일의 생활에 노력이 필요하다는 것을 마음에 새기고 있어야 한다. 트러블이 끊일 새 없이 결혼생활에 일어나는 것은, 남편의 일이 가정을 지탱하게 해 주는 중요한 방법이라는 것을 아내가 이해하지 못하기 때문이다. 아내는 이 필연적 사실에 잘 순응해야 할 것이다.

그러나 또 한편으로는 남편이 현명하고 사려 깊다면, 자신에 대한 아내의 이해 정도를 파악해 두고 있어야 한다. 그러므로 그 정도를 적당히 가감하여, 아내가 자신에게 갈망하고 필요로 하는 이해심, 감사, 애정 따위를 그녀에게 나타내 보이기를 잊지 않는 것이다. 현명한 남편은, 아내가 남편과 마찬가지로 '성공을 이룩하는 일이며, 미래에 대비하여 저금하고 재산을 만들 필요성을 깊이 느끼고 있다' 는 것을 알고 있는 사람이다.

그런데 애정 면에서는 아내는 남편으로부터 육체적 애무뿐만 아니라, "나는 당신을 사랑하오" 하고 말로 표현해 주기를 바란다는 것을 남성은 너무나도 모르는 것이다.

남편이나 아내가 상대를 지배하려고 하는 것은 시대에 뒤떨어진 하찮은 자아(自我) 때문이다. 그것을 고치려면 상식적이면서도 객관적인 사고방식이 필요하다. 이를테면 당신이 아내를 언제나 "네, 여보", "아니에요. 여보"라고만 말하는 순종적인 사람으로 택했다고 가정해 보자. 만약 당신이 아내라면 당신은 그러한 남편을 자랑으로 삼겠는가. 또 만약 당신이 그러한 남편이라면 세상 사람들이 당신을 어떤 남편이라고 평가하겠는가. 친구들이 당신이 아내를 무기력하게 만든 것을 보고 당신을 훌륭하고 이상적인 남편감이라고 칭찬하겠는가.

결혼생활을 성공시키는 간단한 비결은 '그대, 일신동체(一身同體)가 될지어다'라고 한 성서의 문구로 설명이 끝날 것이다. 그러나 참다운 의미는 마음을 하나로 합치는, 다시 말해서 일심동체(一心同體)인 것이다.

육체적으로나 정신적으로나 근본부터가 다른 두 인간이 함께 친밀한 생활을 영위함으로써 일어나는 다툼이나 분함, 오해 등은 부부가 이 일심동체의 마음을 가질 수 있다면 모두 해결할 수 있다. 사람은 혼자서는 싸울 수도 없고, 또 자기 자신에게 화를 내거나 업신여기는 일도 없을 터이니까.

결혼생활에서 우리가 일심동체라는 법도를 지킬 수만 있다면, 두 사람은 원만하게 생활할 수 있고 모두 함께 행복에의 길을 걸어갈 것이다.

제4장 요약
결혼생활을 행복하게 하는 방법

(1) 남성이나 여성이나 결혼에 대해서는 같은 것을 소망하고 있다. 애정, 감사, 공통된 목적을 갖고 있다는 감정 등.

(2) 상대방에게 '바라지 않는' 것도 각자 거의 같다. 잔소리를 많이 한다. 부주의, 음주, 불평, 질투, 인색, 사치.

(3) 말다툼의 표면적인 원인은 남편이나 아내 모두 상대가 결혼생활에 바라고 필요로 하고 있는 일을 깨닫지 못한다고 여기기 때문이다.

(4) 보답으로 돌아올 것인가, 보복으로 돌아올 것인가, 부부간에도 말 한마디에 결정된다.

(5) 상대방의 입장에서 생각하고, 이야기하고, 행동하라.

(6) 상대로부터 '감사하다'는 말을 듣기를 갈망하고 있다. 남편이나 아내나 자신의 호의를 상대가 당연하게 생각하는 것을 싫어한다.

(7) 이따금 가정의 습관을 깨도록 하라. 저녁식사를 밖에 나가서 한다든가 야구 시합을 보러 가라.

(8) 다른 사람이 있는 데서 배우자를 경멸하지 말라.

(9) '그대 일심동체가 될지어라' 이 정신이 결혼생활을 성공하게 하는 비결이다

좋은 습관은 성공을 가져다주는 마법

1. 습관의 마력
2. 실수에서 성공의 기회가 생긴다
3. 실패를 해도 성공할 수 있다

4

1. 습관의 마력

협력하는 것도 습관, 못하는 것도 습관

아침에 눈을 번쩍 뜨면 그 다음은 습관대로 시작된다. 그날 자신이 하는 일의 절반 이상은 미리 습관으로 정해져 있다. 만약 습관이라는 것이 없었다면 우리는 다만 옷을 입는 일만으로도 아침 출근 시간을 다 잡아먹을지 모른다. 그리고 몸차림을 완전히 끝내기도 전에 지쳐 버리고 말 것이다.

이런 일을 스스로 시험해 보라. 이를테면 코트를 입을 때 평소 오른팔부터 먼저 소매에 넣었다면, 왼팔을 먼저 넣어 보고 그것이 얼마나 어려운지 주의해 보라. 만약 습관으로 숙련되어 있지 않으면 이 페이지를 읽는 데도 여러 날이 걸릴지도 모른다.

대인관계에서 사람의 행위는 90%가 습관에서 비롯된다. 어떤 사람은 거칠고 상스럽게 말을 하는데, 어떤 사람은 듣기에 매우 기분이 좋도록 말하는 것도 습관이며, 어떤 사람은 찾아오는 사람을 현관 앞에서 우뚝 버티고 서 있게 하는가 하면, 어떤 사람은 그 사람을 우선 안으로 들어오게 하는 것도 습관이다.

사람을 대할 때의 습관은 예의범절보다도 속 깊은 것이다. 이를테면 다른 사람을 비난하거나 싸움을 하거나 거짓말을 하거나 책임을 회피하려고 하거나 쓸모도 없는 잡담이나 남의 소문 이야기하기를 좋아하는 것은 예의범절이 모자라서가 아니라 모두 다 습관 때문이다.

이 습관에 의해, 다른 사람의 입장에서 생각하고, 이야기하고, 행동한다는 인간관계의 기본적인 법칙이 어느 정도까지 지킬 수 있는가가 좌우되는 것이다.

사람이 다른 사람들의 지탄의 대상이 되느냐, 다른 사람이 협력하고 싶어 할 만한 기분 좋은 사람이 되느냐 하는 것도 그 사람의 습관에 의해 정해지는 것이다.

다음 두 가지의 현저한 예로 습관이 얼마나 인간생활에 크나큰 영향을 주는가 하는 것을 알 수 있을 것이다.

어떤 부부가 최근 자신이 태어난 고향을 찾아간 일이 있었다.

"학교의 선생님으로 계시던 베르사 암즈 씨는 아직도 여기에 사십니까?"

그들이 묻자 베르사 암즈 씨가 자살했다는 대답이었다.

"2, 3년 전부터 베르사 씨는 사람을 대하는 태도가 달라졌습니다."

어떤 사람이 그들에게 이야기해 줬다.

"그녀는 이상하게 사람들에게 비판적인 태도가 되더군요. 모두가 그녀와는 오래 사귄 사이이고 누구나가 그녀를 좋아했었기 때문에, 처음에는 그것도 대단하게 생각하지는 않았습니다. 그런데 점점 달라지는 거예요. 그녀는 병이라고 생각하고 의사에게 가 보았지만 의사는 아무 데도 나쁘지 않다고 했습니다. 그러는 동안 그녀의 행동이 자꾸 이상해지니까 자연히 사람을 피하게 되고, 끝내는 옛날 친구들에게도 등을 돌리는 형편이었어요. 친구 쪽에서도 베르사를 가만히 혼자 있게 놓아두는 수밖에는 달리 어떻게 할 방법이 없었습니다.

그러다가 마침내 작년 봄, 그녀는 자살하고 말았습니다. 그녀는 아무에게도 의논하지 않고, 다만 한 줄의 글을 써서 남겨 놓았을 뿐이었습니다. '아무도 나를 사랑해 주지 않는다', 이렇게만 씌어 있었지요."

위의 이야기는 이 책의 맨 처음 제1장에서 보기로 들었던 어느 부랑아의 자살과 같은 케이스다. 베르사 암즈가 끝내는 살아갈 이유를 잃었다고 하는 것은 습관에서였다. 그녀가 사람들을 멀리하는 습관을 가져 버렸기 때문이다. 그 때문에 그녀는 살아갈 보람이 있는 대상을 찾아볼 수 없게 되고 만 것이다. 그것은 즉 살아갈 이유를 잃었다는 것이다. 살아갈 이유란 다른 사람들과의 관계에서 생기는 것이며, 다른 사람들로부터 바람직하고 필요하게 생각되고, 감사를 받게 됨으로써 생기는 것이다. 그녀가 노트에 써서 남긴 말이 그것을 여실히 이야기하고 있다.

다른 사람을 대하는 습관은 사람이 실패하여 불행해지느냐, 또는 성공하여 행복해지느냐 하는 원인을 만드는 것이다. 다음의 이야기는 성공으로 이끄는 좋은 습관을 가졌던 빌 로크의 경우이다.

내가 빌과 처음으로 알게 된 것은 그가 대규모 공공사업 단체의 사무원으로 있을 때였다. 빌은 즐거운 마음을 지닌 사람이어서, 언제나 누군가를 위하여 도움이 될 만한 일을 하고 있었다. '언제나'라고 말한 것은, 사람을 돕는 일이 빌의 습관이었기 때문이다. 이러한 그의 친절한 습관이 다른 사람의 눈길을 받았으며, 그 결과 그는 본부의 핵심 지역에 배치되어 판매와 서비스의 일을 하게 되었다.

그는 차근차근 착실하게 향상되어 갔다. 전쟁이라는 크나큰 기회를 만나 빌의 승진은 더욱 빨랐다. 사람들의 의견이 충돌하게 되는 경우 그는 언제나 중재 역할을 했기 때문에, 어느 틈에 그는 주위 사람들에게 지배인으로서 인정받게 되었던 것이다. 사람과 사람을 조화시키는 것이 빌의 습관이 되었던 것이다. 그는 대장이나 중장, 그 밖의 유명한 지도급 인사들과도 친구가 되었다. 그는 자신의 좋은 습관 때문에 행복이며 성공을 획득했던 것이다. 아마도 빌은 건강한 사람일 거라고 생각하겠지만, 실은 빌은 신체상으로 핸디캡이 있었음에도 이렇게 성공했던 것이다.

사람들과 협력하지 못하는 것도 습관이다. 관찰력이 예민한 사람이라면, 걸핏하면 싸움을 하는 사람은 대개 어떤 사람과도 싸움질을 잘하는 것을 알아차릴 수 있다. 그리고 그것은 별로 뜻밖의 일은 아니다. 그것은 다른 사람의 직위 · 권리 · 권위 등에 대해 지나친 질투심을 느끼는 습관 때문이다. 이러한 경향이 있는 사람은 대개의 경우 호된 고통을 겪고 만다.

그 반대로 다른 사람과 협력하는 것 또한 습관이다. 다른 사람과의 관계가 원만하게 되는 사람은, 반드시 다른 사람의 의견을 존중하는 습관을 몸에 익히고 있는 법이다. 그들은 상대를 도와 함께 손을 잡도록 자진해서 노력을 하기 때문에, 다른 사람의 협력도 얻어지는 것이다. 이러한 사람은 누구에 대해서도 큰 트러블을 일으키는 일이란 거의 없다.

좋은 습관은 인생의 파도에 시달리지 않게 한다

습관이란 단어를 사전에서 찾아본즉 '후천적으로 반사작용에 의해 만들어진 것', '잘 훈련된 성벽(性癖)'이라고 나와 있다.

그런데 '후천적', '훈련됨' 등의 말은 습관의 속성을 잘 표현하고 있다. 분명히 습관은 결코 우연한 행위가 아니라, 후천적으로 훈련에 의해 만들어지는 것이다. 우리는 익숙한 상태에 놓이면 습관적인 동작을 되풀이하는 법이다. 자동차의 운전 따위가 그 좋은 예로, 교습을 받는 중에는 운전에 필요한 각 장치며 변속기 동작에 주의 깊게 생각하면서 차를 움직이지만, 익숙해지면 손이나 발은 기계적으로 조작되어, 주위의 교통 흐름에 신경을 돌릴 수가 있는 것이다. 즉 운전은 처음에는 의식적이지만, 동작이 훈련되면 아무것도 생각하지 않고 무의식적으로 차를 움직이게 되는 것이다.

그래서 좋은 습관을 들이면 사람은 별로 큰 고생을 하지 않고 많은 성공을 이룰 수가 있어, 사람의 일생은 거친 파도나 폭풍에 시달리지 않게 되는 것이다.

윌리엄 제임스는 "습관은 우리의 동작을 간단하게 하고, 피로를 적게 한다"고 말했으며, 또 도널드 A. 레드는 "습관은 시간 · 정력 · 노력을 절약하고, 마음의 활동을 민첩하게 한다. 우리는 습관에 의해 일상의 번잡함을 피하고, 창조적인 일에 마음을 돌릴 수가 있다", 이렇게 말하고 있다. 좋은 습관을 몸에 익힌 사람은, 아무렇게나 되는 대로 엉터리 습관을 몸에 익힌 사람이 인생으로부터 얻을 수 있는 배 이상의 것을 손쉽게 얻을 수 있는 것이다.

무엇보다도 좋고 무엇보다도 가치 있는 것을 인생으로부터 얻는 비결은, 될 수 있는 대로 유익한 습관을 많이 몸에 익히는 것이다.

"모든 교육에서 무엇보다도 중요한 것은, 자신의 신경 계통을 스스로 생각하는 대로 움직이게 하는 것이다", 제임스는 이렇게 말하고 있지만, 이것이 특히 필요한 때는 사람들과 접촉하는 경우이다. 그것은 즉 우리는 습관에 묶여 있으므로, 전에 여러 번 경험한 것과 같은 상태를 만날 때마다 똑같은 것을 기계적으로 되풀이하는 데 지나지 않기 때문이다.

실천의 과정에서 성공 비법을 알게 된다

좋은 인간관계를 만들기 위해서는 피아노, 타자기를 익힐 때와 마찬가지로 실천해 보아야만 한다. 실천 유무에 따라 성공이냐 실패냐가 결정된다. 실천이란 마치 마법을 걸어 노예로 만들어 버리는 동화 속의 요정과도 같은 것이다.

이 '마법을 거는 것'은 특히 처음에는 다소의 노력이 필요하다. 습관은 쓰면 굳어지지만 쓰지 않으면 없어지고 만다. 이것이 습관의 속성이며 원리인 것이다. 나쁜 옛날의 습관을 고치기 위해 구태여 강한 의지력을 사용할 필요는 없다. 다만 그것을 쓰지 않고 그냥 내 버려 둔다면 없어지게 될 것이다. 또 좋은, 새로운 습관을 만들기 위해 강한 의지력에 의지할 필요도 없다. 다만 그것이 조금씩 성장해 가는 것을 지켜보기만 하면 될 뿐이다.

새로운 습관을 만들기 위한 요소는 다만 행한다는 것이다. 걱정하거나 조바심하거나 속을 썩여서는 안 된다. 다만 행할 뿐이다. 몇 번이라도 그 행위를 되풀이하라. 그렇게 하면 당신은 새로운 습관을 몸에 익힐 수가 있는 것이다.

사람은 친구나 책이나 강연 등에서 격려가 되거나 유익한 것을 들을 수 있지만, 현실에 새로운 습관을 만드는 일만은 자기 자신의 책임이다. 전(前) 하버드 대학의 총장이었던 A. 로렌스 로웰이 다음과 같은 말을 했다.

"인간의 마음을 참되게 훈련하는 오직 하나의 방법은, 자기 자신의 자발적인 행위에서 비롯된 것이다. 때로는 다른 사람에게서 나누어 받을 수도 있고, 이끌어 달래기도 하고, 지시받거나 또는 고무될 수도 있다. 그러나 진정 가치가 있는 단 한 가지 방법은 자기 자신이 온 정성을 다해서 터득한 방법이다."

그리하여 얻은 습관이야말로, 자기 자신의 노력의 산물인 것이다. 우리가 자각하여, 낡은 습관을 버리고 새로운 습관을 채용할 것을 결단하는 것은, 별로 부끄러운 일이 아니다. 습관은 사람의 인생을 지배하는 것이므로, 사람이 그 습관을 자기 스스로 선택하거나 만들어 나가지 않는다면, 오히려 그것이 이상하지 않겠는가.

낡은 습관이란, 오랜 인생 경험으로부터 만들어져 있는 것이다. 그 때문에 그것은 이따금 무조건적이거나 즉각적이거나 또는 근시안적인 방편으로 나타날 때가 있다. 분명한 사실은 사람은 현명하다든가 부주의하다든가에 관계없이 자신의 자유의사로 결단을 내려, 좋은 것이든 나쁜 것이든 인생을 결정하는 습관을 만들어 갈 수 있다는 것이다. 그래서 좋은 습관만 몸에 익히면 우리는 얼마든지 개선되고 발전될 수 있다. 낡은 습관에 길들여져 날마다 변함없는 '어제의 나'라는 존재에 머무르고 있는 사실보다 인간으로서 더 바보스럽고 부끄러워해야 할 일이 또 있겠는가.

인생을 지배하는 습관을 노예로 만들라

우리가 인생의 어떤 시기에 몸에 익힌 습관은 우리의 생활을 지배한다는 것은 사실이다. 그런데 그렇다고 하여 그것이 어떻게 해서 생겼는가를 생각하지도 않고 중요시하는 것은 아무런 의미도 없다.

우리가 인생에서 확실한 목적을 갖고자 한다면, 나이에 관계없이 훌륭한 습관을 몸에 익혀야 한다. 새로운 습관을 들이는 데 있어 가장 안정적인 것은, 우리가 되풀이하여 자연스럽게 몸에 밴 습관인 것이다. 그 결과, '이렇게 되었구나' 하고 생각할 때마다 힘이 넘쳐 오기 마련이다. 그러므로 우선 조그마한 계획부터 시작하여 어렵긴 하지만 성공할 수밖에 없는 방법을 실천해 보는 것이 현명하다. 그렇게 하면 장래의 성공을 약속하는 습관의 기초가 되기도 하고, 또 가장 효과가 있는 귀중한 습관을 몸에 익힐 수가 있는 것이다.

새로운 습관을 시작하는 데 필요한 또 하나의 제안은 그 습관을 들이는 데 알맞은 새로운 환경으로 옮기는 일이다. 인간관계를 예로 들면, 징징거리고 우는 소리를 하고 다른 사람을 비판하고 불평을 말하며 자포자기한 태도를 취하고 바람직하지 못한 영향을 다른 사람에게 끼치는 것 같은 사람에게서는 떠나고, 낙천적이고 진취적인 기질이 풍부하며 당신의 새로운 습관을 말이나 행동으로 격려해 줄 만한 사람들과 한무리가 되어야 한다는 것이다.

그러면 습관을 몸에 익히는 데 가장 중요하고 단순하고 쉬운 일을 생각해 보자. 그것은 습관이라는 것이 육체와 밀접한 관계를 가지고 있다는 것이다. 그래서 습관을 만들어 내는 첫째 단계는, 몸에 익히고 싶다는 외부 운동을 하는 일이다.

당신도 이 '외부 운동'의 원리를 쉽게 증명할 수 있다. 앞에서도 말한 웃음의 동작을 예로 들겠다. 우선 즐거운 일을 생각하면서 웃어 보라. 사람들에게는 미소를 던져 주고, 만약 당신이 새로운 습관을 만들 때의 맨 처음 육체적 동작의 반응이 보고 싶거든 상대가 당신에게 어떤 미소를 다시 보내는지 주의해 보라.

매우 중요한 새로운 습관은 일직선인 동작, 되풀이되는 동작에 의해 만들어졌다는 단순한 진리를 실행하면 효과는 즉각 눈앞에 나타날 것이다.

여기서 또 한마디, 습관 만들기를 성공하게 하는 욕구에 대해 말하기로 하겠다. 어떤 욕구는 사람에게 활기를 불어넣어 주어 행동으로 이끌 정도로 강한 것이다. 이것이 정열적인 욕구이다. 이랬으면 좋겠다고 그냥 생각하기만 하는 것처럼 무익한 것은 없다. 많은 사람들은 다만 막연하게 머릿속에서 이렇게 됐으면 저렇게 됐으면 하고 생각만 할 뿐, 행동하지 않기 때문에 자신들의 성격을 약하게 만들고 있는 것이다. 찰스 디킨스가 쓴 소설 속에 나오는 미카우바 씨와 같이 자신은 아무런 노력도 하지 않고 운명이 호전되기를 한결같이 기다리고 있는 것이다. 그러나 운명이란 대부분의 경우 호전되지 않는다. 이런 사람은 운명과 맞붙어서 노력해야 호전되는 것이다. 우리의 인간관계에 있어서도 마찬가지로 실천에 의해 좋은 인간관계를 만들어 내도록 하자. 사람은 습관의 노예여서는 안 된다. 습관을 노예로 삼고, 사람들과의 접촉에 훌륭한 힘을 발휘하게 해야 한다.

제1장 요약

습관의 마력

(1) 좋은 습관을 만들겠다는 크나큰 욕구를 가질 것.

(2) 새로운 좋은 환경으로 옮긴다.

(3) 당신이 바라는 좋은 습관을 마음에 그려 본다. 습관을 새기는 행동을 당신이 하고 있음을 분명하게 상상하게 된다.

(4) 마음을 쏟아 확신을 갖고 행동을 시작한다. 어떤 훌륭한 일도 열심히 하지 않으면 완성할 수 없음을 기억하라.

(5) 의식적으로 정확하게 되풀이하여 행동한다. 그리고 새로운 습관을 만들고 있다는 것을 단단히 유의하여 외부와의 접촉에서 여러 번 행동을 되풀이한다.

(6) 예외를 인정하지 않는다. 동요하지 않는다. 습관은 되풀이되는 동작에 의해 얻어지는 것이므로, 어떠한 예외를 만들면 그 동작이 중단될 우려가 있다.

(7) 언제나 습관의 장점을 생각한다. 새로운 습관이 유익하다는 점을 대인관계를 통해 나타내어라.

2. 실수에서 성공의 기회가 생긴다

패배로 단련되지 않으면 성장할 수 없다

곤란이나 역경, 그리고 패배에 의해 단련되지 않으면 훌륭한 인간으로서 성장할 수 없는 법이다. 이와 같은 위기의 하나하나는 크거나 작거나, 또 인생의 처음에 오거나 늦게 오거나, 우리가 장래의 행복을 얻고 발전하기 위해 극히 중대한 역할을 한다. 강한 자신감과 신념을 가지고 이에 맞서 이겨야만 하는 것이다.

패배를 극복하며 자신을 닦고 용기를 내어 일어나 전진하는 사람은 반드시 만족스러운 장래를 얻을 수 있는 것이다. '강하면 맞지 않는다' 라는 옛날의 격언은 인간의 오랜 경험에서 나온 것이다. 당신이 잘 아는 사람 가운데 성공한 사람의 일생을 차근차근 더듬어 보라. 그들의 행복한 성공의 이면에서 수많은 패배를 극복한 흔적을 발견

할 것이다.

반대로 맞는 사람 또는 맞는 채 그냥 있는 사람은, 언제나 맞는다는 것을 주의해야 한다. 맞은 채로 있는 사람이 어떻게 인생을 호전시킬 수가 있겠는가?

생각만 해도 건전하지 못하고 불쾌한 일이다. 이러한 사람은 자기 연민의 덩어리이며, 언제나 패배감에 젖어 있다. 거절당하는 것을 두려워하여 사람들에게 친밀감을 가지려고 하지 않고, 실패하거나 실수하여 부끄러운 꼴을 당할 것을 두려워하여 아무것도 하지 않으려는 것이다. 이것은 패배주의이다. 패배를 거듭하여 고뇌를 즐기고 있다고밖에 생각되지 않는다. 마치 병적인 것을 즐기고 있는 사람들처럼 그들은 건강하지 못한 생각에 열중하고 있다.

그리고 전락(顚落) 행위에 어떤 그림과도 같은 아름다움을 느끼는 것이다. 높은 빌딩 꼭대기에서 뛰어내리는 노출광(露出狂) 같은 것이라 하겠다. 그는 공포와 근심의 가공할 순간에 의해 사람들의 눈길을 끌려고 목숨을 대신 버리는 것이다. 이 이상(異常)한 자아는 친구나 친지들로부터 끊임없이 충고받고 주목받기를 바라면서도 더욱이 그들의 진력(盡力)을 일절 받아들이지 않는 데 쾌감을 느끼는 것이다.

말로 인한 실수, 말로 보상하는 방법

잘못은 사람에게는 당연히 있는 것, 사람은 누구나 잘못을 저지른다는 것을 인정하라.

여기서 평소의 인간관계에서 저지르기 쉬운 실패와 그렇게 됐을 때는 어떻게 하면 좋겠는가를 예로 들어 생각해 보자.

이를테면 누구나 경험하는 예이다. 당신에게는 다른 사람에게 흥미를 갖고 공연히 소문에 대해 수다를 떠는 버릇이 있어서 그것을 고쳐야겠다고 결심했다고 하자. 그런데 어느 날 잘 아는 사람과 이야기를 하다가 헨리의 이름이 나왔다,

"헨리는 아주 돈을 헤프게 써요."

반사적으로 말을 꺼낸 뒤 계속해서 말했다.

"그의 아내는 돈을 꾸려 대느라고 고생이 많을 거야."

'아차! 또 말을 가볍게 해 버렸구나!' 당신은 미처 생각하지 못한 사이에 그만 관계도 없는 사람의 이야기를 해서, 공연히 상처를 주고만 것이다. 어찌하면 좋겠는가? 조금 전에 내뱉어 버린 말을 취소하면 되겠는가? 천만에, 당신이 그 말을 취소할 수도 없다. 왜냐하면 헨리가 돈을 물 쓰듯 한다는 것은 사실이기 때문이다.

그러면 헨리의 좋은 면을 이야기해 보면 어떻겠는가? 대단치 않은 제안이지만, 독자 여러분도 그것은 좋은 제안이라고 생각할 것이 틀림없다.

"그렇지만 헨리는 내가 아는 사람들 가운데서도 가장 성품이 좋은 사람이야. 누구에게나 정이 많지만 특히 가족들과는 아주 다정한 모양이더군."

이렇게 성실하게 하는 말은, 당신이 처음에 조심성 없이 내뱉어 버린 말의 악의와도 같은 가시를 뽑아 낼 것이 틀림없다.

말로 인한 실수, 행동으로 보상하는 방법

그 다음날, 회사로 향하는 셔틀버스 속에서 함께 일하는 동료인 호머 멘켄의 옆자리에 앉았다고 하자. 호머는 참으로 선량한 노인이었다. 그는 우선 당신에게 가족들의 안부를 물었다. 그러자 당신은 어떻게 했는가. 거침없이 떨어지는 폭포수처럼 말을 쏟아 놓기 시작한다. 우선 가족 전체에 관한 넋두리부터 시작하여 아내가 앓아누웠다는 이야기며, 그녀가 얼마나 낙담하고 있는지, 그리고 그것이 자신에게 얼마나 무거운 짐이 되는가를 미처 숨도 쉬지 않고 줄줄 쏟아 놓은 끝에 이런 말이 나왔다.

"정말 이제는 지쳐 버렸습니다."

당신은 포기조로 말한다. 이리하여 당신은 상쾌해야 할 아침 출근길에 불쌍하게도 호머에게 나쁜 소식을 산더미처럼 털어놓고, 그에게는 이야기할 기회를 주지 않았을 뿐만 아니라, 상대의 일은 아무것도 물으려고 하지 않았던 것이다.

나중에야 당신은 호머에게 잘못했다고 생각한다. 어떻게 하면 좋겠는가. 호머를 전화로 불러내어 사과하면 좋겠는가. 아침 출근길인데, 필요도 없는 언짢은 이야기를 하여 그의 하루를 우울하게 망쳐 버리고 말았다고 생각하여, 멋쩍고 부끄러워 귀까지 화끈거린다고 말해 주어야 할까?

그럴 필요는 없다. 차라리 그날 밤 그를 불러내어 이렇게 말하면 좋지 않겠는가.

"주말에, 당신이 해트 클리크의 낚시에 간다면, 내 새로운 낚싯바늘을 써 보시는 게 어떨까요. 일전에 내가 거기서 써 보았더니 아주 성능이 좋았어요. 이건 다른 이야기이지만, 댁의 조니에게 이렇게 전해 주시겠소? 새로운 이집트 정부의 우표를 구했노라고요. 그건 카이로에 있는 친구가 보낸 편지에 붙어 있었던 거지요. 조니는 우표를 수집하고 있으니까, 틀림없이 갖고 싶어 할 거요."

이런 이야기를 하는 동안, 당신이 아침에 호머에게 불쾌한 기분을 안겨 준 것도 틀림없이 보상될 것이다. 행동은 말을 따르지 못한다.

그러나 다른 사람에게 저지른 무례함을 메워 주는 좋은 방법은, 그에게 무언가 좋은 일을 행동으로 보여 주는 것이다.

인간관계를 향상시키는 정직한 자기 고백

그럼 좀 더 복잡한 예를 들어 보자.

지역 연합 사업자들의 간담회(懇談會)에 출석하여, 노인인 조 한센과 심한 말다툼을 했다고 하자. 이 노인이 너무 고집스럽고 편견도 심해, 그 점을 지적하여 크게 그를 헐뜯어 주었던 것이다. 그 때문에 모임은 엉망진창이 되고, 매니저인 빌 토핑 씨는 매우 난처해서 우리에게 이렇게 말했다.

"자네들은 이번 교섭을 완전히 깨트려 버렸네. 조 한센 씨는 다시는 우리와 함께 협력하지 않을 걸세."

빌이나 다른 사람들이나 모두 막막해지고 만다. 지역 세력가인 조 한센 씨는 은행 거래 관계로 우리를 궁지로 몰아넣어 곤란하게 만들지도 모른다. 우리는 점점 초조해졌다. 우리가 아무리 발버둥을 친다고 해도 반드시 실패하게 될 것이다. 모두가 한패가 되어 우리를 적대시할 게 뻔하다. 그리고 불에 기름을 부은 것처럼 우리는 생각했던 것보다 더 심한 혼란 상태에 빠지는 것이다. 나 자신이 생각하기에도 주워 담을 수 없을 정도로 무섭게 너무 많은 일을 벌여 놓은 것 같았다. 게다가 그 말다툼을 한 밤부터는 내내 잠을 잘 수도 없다. 그러면 이제부터 어떻게 할 것인가? 다만 두 손 마주잡고 우두커니 자멸(自滅)할 뿐인가? 가족들을 거리를 헤매게 해도 좋겠는가?

"빌, 용서해 주게."

나는 그에게 이렇게 사과했다.

"자네가 일을 성사시키려고 그렇게 애썼는데도, 나는 자네의 마음도 알지 못하고 전부 망가뜨리고 말았네. 별로 조 한센 씨와 다툴 것까지는 없었는데도 그렇게 지독하게 궁지에 몰아넣다니, 생각할수록 나는 어리석기 짝이 없네."

물론 빌은 당신이 나빴다고 할 것이다. 그러나 아직 어떻게든 할 수 있는 여지는 있다.

"어째서 자네는 조 한센 씨에게 가서 지금 내게 말한 것과 똑같은 말을 하지 않나?"

빌이 한 말에 당신은 무슨 생각을 하는가. 혹 이렇게 생각하지 않는가. '그 늙은 너구리에게 사과를 한다구? 그렇게 할 정도라면 차라리 죽는 편이 낫다! 이런 지독한 제안이 어디 있겠는가?'

빌이 다시 말했다.

"자 갔다 오게나."

빌이 계속 재촉했다.

"그 노인은 지병이 있어서 거의 반년쯤은 누운 채 살고 있지만 별로 나쁜 사람이 아닐세. 내가 그에게 전화를 걸어 자네가 만나러 간다는 것을 알려 두겠네. 자, 자네의 솜씨를 구경해 보겠네."

이렇게 말하는 것이 그의 최종적인 제안이다.

나는 그래서 완전히 떨치고 일어난 것이다. 그 노인을 만나러 간다. 생각만 해도 소름이 끼친다. 그는 변덕스럽고 편견이 심하며, 이해관계에 극도로 예민하다. 대체 그는 어떻게 생각하고 어떻게 나올 것인가.

그러나 우리 회사의 사활이 걸린 일이다. 나는 어떻게든지 타협해야만 한다.

현관의 초인종을 울리자, "들어오시오" 하고 조 한센 씨가 대답한다. 빌 토핑 씨가 전화로, 내가 모임을 망가뜨린 것을 매우 미안하게 생각한다고 이미 알려 두었던 것이다.

"금요일 밤에는 매우 죄송스러운 짓을 했습니다."

이렇게 말문을 연 뒤 또 사과했다.

"특히 어른께 실언을 했습니다. 죄송합니다."

"그렇소. 확실히 자네는 잘못했소."

조 한센 씨가 기다렸다는 듯이 말을 꺼내더니 우리의 어디가 어떻게 나빴는가를 속사포처럼 미주알고주알 늘어놓는 것이다. 또 다시 나는 그날 밤과 마찬가지 사태가 되는 것 같아 속에서 화가 치밀어 올랐다. 그러나 '잠깐만!' 하고 반성했다. 나는 싸움을 하러 온 것이 아니다. 우선 마음을 진정해야 한다. 꾹 참고 그의 말을 들어야 한다. 그러나 그것은 얼마나 어려운 일인가!

"그만 옆길로 벗어나서 쓸데없는 소란을 일으켰습니다만, 핵심 사항에 관해 잘 생각해 보니, 저희들의 의견도 어른과 꼭 같습니다."

그리고 계속해서 말했다.

"아마 저희들은 또 곧 협력할 수 있다고 생각합니다. 그래서 어찌 되었든 간에 무슨 일이 있더라도 어른을 찾아뵙고, 전날 밤의 무례함을 사과드리러 이렇게 온 것입니다."

이렇게 하면 되는 것이다. 그렇게 하면 고집스럽고 늙은 조 한센 씨라도 우리가 그를 방문하고, 무릎을 맞대고 이야기를 나누고, 자신들의 잘못을 인정하고 있는 그 태도에 마음을 풀어 버릴 것이다. 그리고 다음 모임에서 다시금 우리가 비난을 받게 되는 일이 있더라도, 이번에는 그 노인은 우리의 편이 되어 변호해 주게 될 것이다.

이 경우와 같이 어려운 오해를 풀었기 때문에 오히려 친밀한 우정이 생겨나는 일은 흔히 있다. 그리고 우선 오해를 풀려고 노력하는 자가 마지막에는 이기는 것이다. 이것은 결코 무리하게 떠맡기는 어려운 문제를 논하고 있는 것이 아니다. 많은 사업가나 상인은, 고객의 불평이야말로 좋은 기회라는 것을 뚜렷한 실제로써 경험하고 싶은 것이다.

사람이 자신의 잘못을 고치고 다른 사람의 의견에 따르려고 결심하면, 오히려 그는 다른 사람을 자기편으로 만들 수 있는 것이며, 또 그 사람은 오랜 단골손님이 되거나 때로는 개인적인 좋은 친구도 되는 것이다.

조 한센 노인의 이야기에서 알 수 있듯, 우리에게 일어나는 곤란한 일은 실수를 했다고 하는 사실이 아니다. 그것은 우리가 실수를 했다고 생각하지 않거나, 또는 다른 사람의 의견이라는 것에는 나와 다른 점이 있는 것도 인정하지 않으면서 자신은 잘못을 저질렀다고 생각하지 않는 데에 있으며, 더욱이 자신이 그것을 깨닫지 못하는 데 있는 것이다. 완고한 숨은 자아가 우리에게 어떠한 잘못도 알아차리지 못하게 하는 것이다.

정신을 향상시키는 데 중요한 것은 정직한 고백이다. 그러나 누구나 고백하기는 좋아하지 않는 법이다. 우리에게 있어 매우 곤란한 것은, 잘못을 고백하면 다른 사람으로부터 칭찬을 받는 법이라는 사실이 마음속으로부터 받아들여지지 않는 일이다.

우리가 인간관계를 향상시키는 데 크나큰 장해가 되는 것은 잘못을 인정하지 않으려는 완고한 마음속의 저항이다. 이 장해는 매우 중대하므로, 우리가 우선 자기 자신에게 이야기해 주어야 할 말이 있다.

'실수를 하거나 실패하면 어쩔 것인가?' 하는 말보다는 '실수를 하거나, 실패한 것을 스스로 알아차릴 수가 없으면 어쩔 것인가?' 하는 말이다.

그럼 이 뒤의 질문에 어떻게 대답하면 되겠는가? 그것은 이러하다. 사람은 누구나 각자가 하는 방법으로, 자신의 행위를 지배하는 감정을 이성으로 훈련시키면 된다. 즉 그는 신경질적인 자아로 이루어진 감정을, 이성의 힘으로 제어하도록 해야만 하는 것이다.

이 책 여러 장(章)에서 이미 말했듯이, 좋은 인간관계를 만들어 내는 일상생활의 규범의 하나는, 사람이 자신의 맡은 바 직분을 조금 여분 있게 더 하는 일이다. 만약 당신이 이 규범을 의심한다면, 이 규범을 다른 사람에게 실행해 보라.

사람은 잘못을 저지르게 되면 아무리 크거나 작거나 그것을 인정하고, 원인을 알아 다음에 똑같은 잘못을 되풀이하지 않도록 주의해야 한다.

잘못을 인정하려 하지 않고 그 잘못으로 이득을 얻으려는 사람은, 언젠가는 크나큰 실패를 초래하게 된다. 사람이 자기 자신의 잘못에서 배우려고 하지 않는 것은 용납할 수 없는 크나큰 잘못이다.

잘못을 고치려면, 잘못을 고치는 일에만 정신을 빼앗기지 말고 어떻게 하면 옳은가를 생각하라. 소극적으로 생각하지 말고 적극적으로 나가라. 무엇을 해서는 안 되는가가 아니라, 무엇을 해야 할 것인가를 생각하라.

만약 사람이 일정한 길을 정하고 행동했을 때 잘못을 저질렀다면, 당장 고치고 잊어버려라. 그리고 그 길을 참을성 있게 확신을 갖고 계속 나가라. 언제까지나 속을 썩이거나 분하게 여기거나 자기 연민에 사로잡히거나 패배감을 느끼지 말라. 진실로 자신의 잘못에서 배우려고 한다면, 그 패배야말로 행운과 성공을 확실하게 그의 손에 움켜쥐게 하는 것이다.

이 장을 끝냄에 있어 무엇보다도 중요한 것을 다시 되풀이하면, 사람은 많은 실패를 거듭하고서야 크나큰 승리를 획득하는 힘을 단련할 수 있다는 것이다.

제2장 요약
실수에서 성공의 기회가 생긴다

(1) 충격을 받더라도, 그때마다 다시 일어나도록 하라. 인내는 성공을 얻기 위한 중요한 조건이다.

(2) 상대와 당신의 관계를, 분별력 있고 한쪽으로 치우치지 않으며 감정적이 아닌 방법으로 보도록 연습하라.

(3) 누가 잘못하고 있는가, 문제가 생길 때에는 우선 스스로 반성해 보아라.

(4) 당신이 무례한 행위를 한 경우에는, 사과하는 것보다는 상대의 이익이 되는 행위로 갚아 주는 편이 좋다.

(5) 사람은 곤란을 극복하여야만 진보, 발달할 수 있다.

(6) 실수에서 성공할 기회가 생긴다. 정직한 자기 고백은 인간관계를 향상시킨다. 그러나 자신이 저지른 잘못에서 배우는 것을 알지 못하면, 마침내 크나큰 실패를 초래한다.

3. 실패를 해도 성공할 수 있다

일상생활에서 대인관계의 좋은 습관을 익혀라

습관을 몸에 익히는 과정을 간단하게 설명하기 위해 우선 기초가 되는 조건은 다른 사람들의 입장에서 생각하고, 이야기하며 행동하는 일이다.

그런데 아무리 생각한다고 할지라도 행동에 옮기지 않으면 소용이 없다. 그러므로 '생각한다'고 하는 것은 조건에서 제외해야만 한다. 다만 타인과 '이야기하는' 것은 행동의 일종이므로, 행하는 것까지 겸하고 있다고 보아도 괜찮을 것이다. 즉 좋은 습관은 이야기와 행동에 의해서 표현된다고 할 수 있다.

그래서 이제부터는 이 조건에 의해 인간관계를 향상시키는 좋은 습관을 만들어 내기 위해 우리가 일상생활에서 어떻게 행동으로 나타낼 것인가를 생각해 보자.

아침마다 잠에서 깨어나는 것과 동시에, 우리는 습관에 의해 움직이기 시작한다. 습관에 의해 우리의 행동은 거의 대부분이 정해져 있는 것이다. 그러나 그래서는 안 된다. 우리는 아침마다 눈을 뜨는 것과 동시에 새로운 좋은 습관을 들이도록 노력해야 하는 것이다.

그렇다면 오늘부터 실행해 옮기도록 하자.

여느 때라면 어젯밤은 잠을 자지 못해서 여러 시간이나 이리 뒤척이고 저리 돌아누우면서 일을 생각하면서 눈을 뜨기 마련이다. 오늘 아침, 당신은 그 낡은 습관을 버리고 상쾌한 기분이 들도록 하자.

2, 3분 동안 기지개를 켜고 하품을 한다. '목욕이라도 하여 살아 있는 사람답게 정신을 차리자', 하고 당신은 벌떡 일어나 목욕을 하든가 샤워를 하러 간다.

'저런, 누가 노래를 부르는 걸까?' 물론 그것은 당신일 게 뻔하다. 그런데 당신은 저 '외부 운동에 호소한다'는 원칙을 지키기 위해 의식적으로 유쾌해지기 위해 노래를 하는 것인가? 그런 것은 모른다. 다만 당신은 4, 5일 동안 그렇게 했더니 이제는 노래를 부르는 것이 습관이 되어 있는 것이다.

어찌 되었거나 목욕을 하는 것은 정말로 기막히게 상쾌하다. 힘주어 문지르면 한결 더 상쾌하다. 걱정거리까지도 깨끗이 씻겨 나가 버린 것 같다. 거울을 들여다본다. '이크, 이게 어찌 된 얼굴인가!', 그래서 당신은 벙글 웃어 본다. '별로 잘생기지도 못했군!' 하고 당신은 생각한다. 그러나 서글서글하고, 친밀감을 가질 수 있는 타입임에는 틀림없다. 그렇다. 그것이 바로 당신인 것이다. 당신은 이제 친밀감을 가질 수 있는 타입이 된 것이다.

이제는 아침식사를 하기로 하자.

아침식사를 하려고 식구들과 함께 자리에 앉을 때, 당신은 인간관계에 대한 위기에 맨 먼저 부딪히게 되는 셈이다. 식구들 가운데의 누군가가 무슨 불평을 말할지도 모른다. 아침식사가 너무 늦은 건지도 모른다. 그렇지 않으면 당신은 달걀을 싫어하는지도 모르는 일이고, 커피가 미지근한지도 모른다.

조심하라! 당신이 언제나 그렇게 했듯이 무뚝뚝하게 성난 얼굴로 앉아 있거나, 화를 내서는 안 된다. 이것이 첫 번째 테스트인 것이다. 당신의 훌륭한 마음씨를 망가뜨려서는 안 된다. 누가 뭐라고 말하건, 무엇이 나쁘건, 당신은 친밀감 있는 태도를 취해야 한다. 설사 당신이 이겼다고 할지라도 가족들끼리의 싸움처럼 시시한 것도 없다. 화제를 바꾸도록 하라. 뭐든지 즐거운 이야기를 주고받으면 되는 것이다. 웃는 것으로 모든 식구들의 기분이 좋아질 것이다. 그런 다음에는 순조롭게 모든 것이 술술 풀려 나갈 것이다. 자 보라! 식구들이 당신을 보고 웃고 있다. 승리 제1호!

근무하러 나가는 도중, 옆집 지나다가 당신은 창문 밖을 내다보고 있는 소년과 마주친다. 당신은 웃으며 손을 흔들었는데, 소년은 그냥 달갑지 않은 표정으로 내려다보고 있을 뿐이다. 그렇지만 내년 여름이 왔을 때에는 저 소년은 당신이 지나가는 것을 기다리게 될 것이다. 그리고 웃기도 하고 우스갯소리도 하면서 당신의 우정에 보답하게 되고, 그의 부모들까지도 틀림없이 당신의 친구가 될 것이다.

당신은 이웃에 사는 무뚝뚝하고 퉁명스러운 조 슬레이트가 앞에서 걸어가는 것을 발견한다. 옛날의 당신이라면 여기서 그냥 길을 돌아가 버리고 말 터이겠지만, 당신은 급히 따라가 그에게 인사를 나눈다. 승리 제2호!

당신이 뭔가 말을 걸었더니 그가 험악한 말투로 대어들 듯이 대꾸한다. 조에게는 오늘은 좋지 않은 날인 것이다. 주가(株價)가 떨어졌다거나, 아내와 다투었는데 졌다거나, 그런 일이 있었을 것이다. 어쨌든 그의 험악한 태도는 당신을 화나게 하는 것이 당연하다.

여느 때라면 실컷 빈정거리는 말투로 대꾸해 주었겠지만, 오늘의 당신은 그렇지 않다. 당신은 그를 동정하고, 이해하려고 애쓴다. 당신은 그의 말을 주의 깊게 들어준다. 되도록 그의 신경을 건드리지 않도록 화제를 바꾸고, 무언가 즐거운 것을 이야기하려고 한다. '무슨 이야기를 할까? 그렇지, 야구가 좋겠다. 야구는 조의 취미니까.'

조는 태도가 누그러졌지만 아직도 다른 사람을 씹어 대야만 하는 심정이다.

"빌 존슨은 승부 의욕이 전혀 없어."

조의 비판은 계속됐다.

"보스턴은 녀석을 방출해야만 돼."

그런데 당신은 존슨의 굉장한 팬이며, 존슨이 리그 전(戰)에서 누구보다도 우수한 플레이어라는 것을 통계적으로 증명하여 얼마든지 조를 꼼짝 못하게 할 수도 있다. 그러나 당신은 재치 있게 말을 다른 곳으로 돌린다.

"그런데 조 씨, 당신네 마사가 금요일 밤, 중학교에서 연극을 했다면서요?"

이게 영락없이 조의 마음을 사로잡았던 모양이다. 조는 기쁜 듯이 벙글거리기 시작한 것이다.

"마사 녀석. 아주 잘했어요. 그 학교에는 연극을 곧잘 하는 아이들이 많은데 말이오."

그의 이런 대답을 듣고 당신은 적이 놀란다. 조금 전의 그 험악한 태도는 마치 봄눈 녹듯이 사라지고, 그가 처음으로 호의에 넘치는 대답을 말했던 것이다. 승리 제3호!

버스에 올라타는데, 누군가가 당신에게 세게 부딪친다. 조심하라! 버스 안에서는 혼잡하여 이리저리 밀리다 보면 곧잘 싸움의 원인이 생기기 쉽다. 당신이 그냥 가볍게 웃는 것만으로 일은 끝나는 것이다. 그는 눈알이 튀어나올 정도로 화가 나 있다. 꼭 미친 사람 같다. 그래도 화를 부리게 내버려 두자. 당신의 초연한 분별 있는 눈으로 보면, 그저 우스울 뿐인 것이다. 승리 제4호!

버스 운전수가 잘못하여 당신이 내리는 정류장을 그대로 지나쳐 버린다. 조는 자기가 내릴 정류장이 아니었는데도, 자기와는 관계없는 일에 참견을 하여, 운전수에게 '그런 식으로 운전하려면 그만두어 버리라' 고 고래고래 소리를 지른다. 이쯤 되고 보면, 당신은 조가 딱하게 여겨진다. '왜 저렇게 무슨 일에나 화를 내지 않으면 안 된단 말인가!' 하고 당신은 생각하는 것이다.

밖의 공기를 마시면서 오늘의 일이 시작되는 것이다. 어떤 사무 착오로 당신은 윗사람에게 부당한 질책을 받는다. 설명할 기회도 없는 것이다. 그렇지만 속을 썩여서는 안 된다. 일을 복잡하게 악화시키는 것은 좋지 않다. 당신의 매일매일의 행위가, 머지않아 당신의 가치를 입증할 초석이 되는 것이다.

맡은 일보다 조금 더 일을 하라

사람은 숱한 잘못을 저지르지만 그 잘못에서 배움으로 승리를 얻는 법이다.

건방진 단골손님, 말수가 적고 딱딱하기만 한 창고 직원, 무사안일주의인 동료-그들도 모두 인간인 것이다. 다만 다소 이기주의가 지나치고, 때로 다른 사람을 밀어내고라도 이기려고 하거나, 자신의 권리를 지나치게 주장하는 나머지 다른 사람을 질투하여 사려 분별이 없는 사람으로 비쳐지는 것뿐이다. 그러나 그들도 개인으로서 인정하고, 마음을 써 주고, 조금이나마 친절히 대해 주고, 호의적으로 행동을 한다면 당신은 그들로부터 보답받을 것이다. 이미 당신은 사람을 다루는 솜씨가 상당히 좋아진 것을 자신도 깨닫고 있을 것이다.

침착한 태도로 당신은 자신이 맡은 일을 하고, 더욱이 맡은 일보다 좀 더 처리해 놓는다. 주위에서 이러쿵저러쿵하는 사람은 아무도 없다. 그보다도 어떤 사람들은 도와주려고까지 하기 시작하는 것이다.

그리고 일을 끝내는 시간이 가까워질 무렵에는, 당신은 자기 자신의 업무뿐만 아니라 그 업무와 관련된 일을 솜씨 있게 다루어 이제까지보다도 훨씬 더 능률을 올린 것을 깨닫게 된다. 일이 보통 때보다 수월하게 잘되어 가게 된 것이다. 언제나 당신이 느끼는 피로나 패배감 따위는 없고, 당신은 지금 넘치는 힘과 행복감에 차 있다.

내일은 좀 더 좋아질 것이다. 당신만 그만두지 않고 그대로 밀고 나간다면, 그 다음날은 더욱 사람들을 인정하고 우정을 유지하며, 친절을 베푸는 습관을 당신은 몸에 익히게 되는 것이다. 그렇게 하면 자연히 의식적으로 애쓰지 않더라도 당신은 자연스럽게 행동하게 된다. 그것이야말로 바로 당신인 것이다. 사람들을 이해하고, 그들과 협력하는 방법을 잘 알고 있는 새로운 당신인 것이다.

그렇게 함으로써 평범한 일상생활에서 당신은 다른 사람들과 조화를 이룰 수가 있다. 당신은 다른 사람들과 융화하는 정신을 갖게 되고, 또 그들로부터 애정과 호의와 존경을 받을 수 있게 될 것이다. 그들은 우리의 결점이나 실패를 용납해 줄 것이 틀림없다.

일상생활에서 이런 간단한 행위 때문에 우리는 마술처럼 성공으로 이끄는 놀라운 습관을 몸에 익힐 수가 있게 된다. 우리를 후퇴시키려고 하는 일은, 우리가 전진하는 데 도움이 되기도 한다. 우리는 성공을 도와주는 사람들의 힘을 빌릴 수 있는 좋은 습관을 몸에 익혀야만 하는 것이다.

제3장 요약

실패를 해도 성공할 수 있다

(1) 인간관계도 좋은 습관으로 개선할 수 있다.

(2) 좋은 습관을 몸에 익히려면 일상생활의 외부 운동으로 옮겨야 한다.

(3) 일상생활을 유쾌하게 시작하라. 노래 부르라. 미소 지으라. 웃어라. 유쾌한 행위가 습관이 되도록 매일매일 행하도록 하라.

(4) 상대의 입장에서 이야기하고, 행동하라. 그러면 상대방으로부터 친밀감을 얻을 수 있다.

(5) 맡은 일보다 조금 더 일을 하라. 습관이 되면 능률이 오르고, 상대에게 인정받게 된다.

(6) 우리를 후퇴시키려고 하는 일은 우리가 전진하는 데 도움이 되기도 한다.

(7) 당신의 호의적인 행동은 보답으로 되돌아온다.

(8) 우리가 전진하는 데 상대방은 우리의 결점이나 실패를 용납해 주어 성공으로 이끄는 데 도움을 줄 것이 틀림없다.